日中漂流

――グローバル・パワーはどこへ向かうか

毛里和子
Kazuko Mori

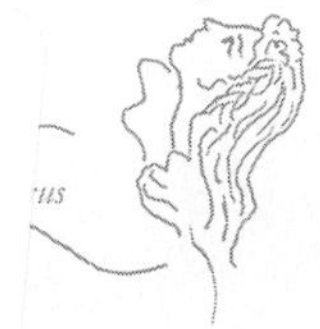

岩波新書
1658

はしがき

岩波新書『日中関係　戦後から新時代へ』を刊行してから一〇年を越えてしまいました。旧著で二一世紀に日本と中国は「新時代」に入ると予告しましたが、それにしてもこの一一年間の両国関係の変容はすさまじく、大変危うい「新時代」に突入した感じがします。その意味で予告それ自体は正しかったのですが、その内実は想定外のことばかりです。中国がこれほど急速に大国化し、力を誇示するとは予測できませんでしたし、日本の「戦後レジームからの脱却」がこれほどのスピードで強引に進められたことも想定外でした。このままにしておくと、両国関係は新たな「力の対抗」の時代に入ってしまいます。二つの大国が大きな海原を漂流し始めた感を強くします。

本書は旧著のほとんどを改訂した、いわば「続編」です。次の二つのことを目標とします。

第一に、旧著は戦後六〇年間の日中関係を構造的に捉え直すことを狙いましたが、本書第一～五章では、国交正常化以来四〇余年の両国関係を素描しながら、いま日清戦争に始まる両国の大転換に匹敵する新たな変転を迎えていると判断し、主に二一世紀に入ってからの両国関係（残念ながらほとんどが紛争ですが）を「現実主義」の眼で考え直すことです。

第二に、東アジアの二一世紀の主役は、好むと好まざるとにかかわらず、グローバル大国に浮上してきている中国ですが、その中国の攻勢的、拡張的外交を「読み解く」ことを本書第六章から終章までの課題としました。二〇一〇年から海洋をめぐる緊張が続いています。中国の攻勢的な外交、とくに海洋戦略が目立ちます。他方日本もそれに「力で対抗」しようとしています。日中の新しい抗争がどのような形をとるか、それをどう緩和するか、東アジアは面倒な状況に直面することでしょう。

本書は最後に三つの提案をしました。①関係の制度化と理性化、②日米中、東アジアの多国間関係で日中関係を落ち着いて捉え直すこと、③力での対抗、軍事的拡張を抑止するためのメカニズムの構築、です。力の衝突から、外交での競争と対話、そして協力へと局面が変わることを切望しながら本書を書き進めます。

目次

はしがき

第一章　日中正常化四〇年をふり返る …… 1
1　正常化後の四〇年とは何だったのか　1
2　日中国交正常化交渉を再考する　6

第二章　一九七二年体制を考える …… 23
1　二分論の再検討　23
2　二分論をどう越えるか　36

第三章　「反日」の高まり……45
1　二〇〇五年反日デモ　45
2　日中間の新たな争点　55
第四章　制度化の試みと蹉跌……65
1　回復した首脳往来　65
2　始まった関係の制度化　76
第五章　日中衝突——領土・領海をめぐるパワー・ゲーム……85
1　領土・領海問題の位置　85
2　二〇一〇年漁船・巡視船の衝突　90
3　尖閣諸島「国有化」をめぐる衝突　93
4　日中の主張の対比　97
5　力による対抗へ　105
6　安倍政権とネオ・ナショナリズム　113

第六章　モデルとしての米中関係 …… 125
1　日中と米中――その対比　125
2　米中関係の制度化――安全保障と危機管理　133
3　もう一つのモデル――制度化された中ロ関係　140

第七章　中国外交をめぐる問い …… 145
1　中国外交の転変　145
2　中国外交は攻勢的か　151
3　六つの問いと暫定的な答え　154

第八章　外交行動としての軍事力行使 …… 163
1　中国の対外軍事行動　163
2　朝鮮戦争（一九五〇～五三年）　166
3　中越戦争（一九七九年二月一七日～三月一六日）　172
4　第三次台湾海峡危機（一九九五～九六年）　186

5　外交としての対外軍事行動　192

第九章　中国の変身とリアリズム……197
1　一〇年のサイクル　197
2　中国外交論　202
3　転換点としての二〇〇九年　207
4　利益集団　212
5　中国新外交の特徴　219

終　章　二一世紀グローバル大国のゆくえ……227
1　中国の自画像――葛兆光『中国再考』から　227
2　「私化」する中国の「国」――マーティン・ジャックから　231
3　「帝国」論　236
4　中国は「帝国」になるか　240

おわりに　245
参照文献リスト　257

参考文献 …… [illegible]
あとがき …… [illegible]

第一章　日中正常化四〇年をふり返る

1　正常化後の四〇年とは何だったのか

現代日中関係の四つの段階

本書では、現代日中関係を国交を正常化した一九七二年からスタートさせたうえで、主に二一世紀からの日中関係に焦点を当てて叙述する。正常化からの四〇年間について、まず一瞥しておきたい。

私は九〇年代半ばに両国関係に重大な、第一回目の構造転換が起きたと考えている。第二回目が二〇一〇年頃のことだ。両国関係の大枠を摑むために、まずこの間の時期区分をしておきたい。

【第一期　一九七〇年代】

一九七二年以降の七〇年代を「戦略的友好期」と名付けておく。国交正常化は文字どおり異常だった戦後二五年に区切りをつけた。たとえ、この正常化が米中の「和解」の一つの副産物にすぎなかったにせよ、新しい時代が始まったことは事実である。双方とも「友好」を意識的に語り、一種のフィーバーが覆った。とくに中国側に対ソ、対米関係を考えた「戦略的判断」が強かったスタートである。関係を支えたのは「ごく少数の軍国主義者と犠牲になった一般国民」を分ける「二分論」である。

【第二期　一九八〇〜九〇年代半ば】

「ハネムーンの一五年」である。中国のリーダーが近代化へと一八〇度の戦略転換を行い、経済成長と「普通の国」をめざしたことが経済好調期にあった日本と中国のバラ色の一五年をもたらした。この一五年間、日本も米国も「安定した中国」、「強い中国」を歓迎し、そのための手助けもした。大平政権がはじめたODA支援は、宝山製鉄所の建設などを通じて三〇年以上続く中国の超高度成長を牽引した。「援助する国、される国」の二国間の構図を中国自身も歓迎した。

【第三期　一九九〇年代半ば〜二〇一〇年】

「構造変動期」と呼ぶ。第一の転換は九〇年代半ばにきた。この時期、日本と中国は対照的な道をたどる。戦後五〇年たち、多くの日本人が「戦後は終わった」と感じた。政治家小沢一郎は「普通の国」を提唱し、憲法九条改正を訴えた。自由民主党の一党優位体制（五五年体制）が崩れた。ところが中国では、経済成長と社会的開放の進展で、軍国主義者と一般国民を分ける「二分論」という対日公式イデオロギー（第二章参照）に公然と不満が出てきた。中国で「戦後が始まった」のである。他方、日本経済が低迷し「失われた二〇年」に入り込むのとは対照的に、中国では世界史上で空前の高度成長期に入った。「台湾海峡の危機」もあり日本で中国への警戒心、脅威感が生まれ、「友好」の引力は急激に減じた。

【第四期　二〇一〇年〜】

現在へと続くこの時期、日中は新たな対抗に向かっている。二〇〇五年の大規模な反日デモが新時代への踏み台となった。二〇一〇年に尖閣諸島海域で中国漁船が日本の海上保安庁巡視船と衝突する事件後、海や領土をめぐって対決する時代に入ってしまった。「固有の領土」、「主権は絶対不可侵」と双方が旗を立て続けるかぎり、緊張が緩和する可能性は乏しい。現代日中関係では二〇一〇年が二回目の重大な転換点である。

一九七二年から両国をつないだ原理は何だったのだろうか。それは、道義をもとにした絆

（中国は日本の侵略を赦す、日本は侵略を謝罪し続ける）と、人と人との人格で支え合う関係（名宰相周恩来、対中国交を実現した「辣腕」田中角栄）であった。

問題はその後四〇年、日中関係をつなぐ組織や制度を作り上げることができなかったことである。そのため関係は不安定で脆く、九〇年代半ば以降の二国間の構造転換に耐えられなかった。いわばこれが七〇年代から四〇年近く続いた「七二年体制」と言えるものなのだろう。すでに新時代に入ったいま、七二年体制に代わる新しい原理と骨格を双方で探し出し、構築しなければならない。

三つのレベルのイシュー

では、この四十数年間、両国は何をめぐって交渉したり、対抗したり、対決したりしているのだろうか。**図1**を見てほしい。基礎のレベルにあるのは歴史問題である。この問題は論理や利益で処理するわけにはいかない。情に関わるイシューであり、公教育と社会・文化を通じて国民のアイデンティティに深く関わるものだけに、もっとも敏感で厄介な部分である。

第二のレベルがパワーをめぐる問題である。地域の覇権、リーダーシップをめぐる抗争や競争で、二〇〇五年の反日デモで最大のイシューだった日本の国連安全保障理事会常任理事国入りの問題などもここに入る。

第三のレベルは具体的な利益、領土・領海、資源をめぐる争いなどである。知的財産権をめぐる問題もあるし、「固有の領土」をめぐる紛争などはこの分野のもっともはっきりしたイシューである。

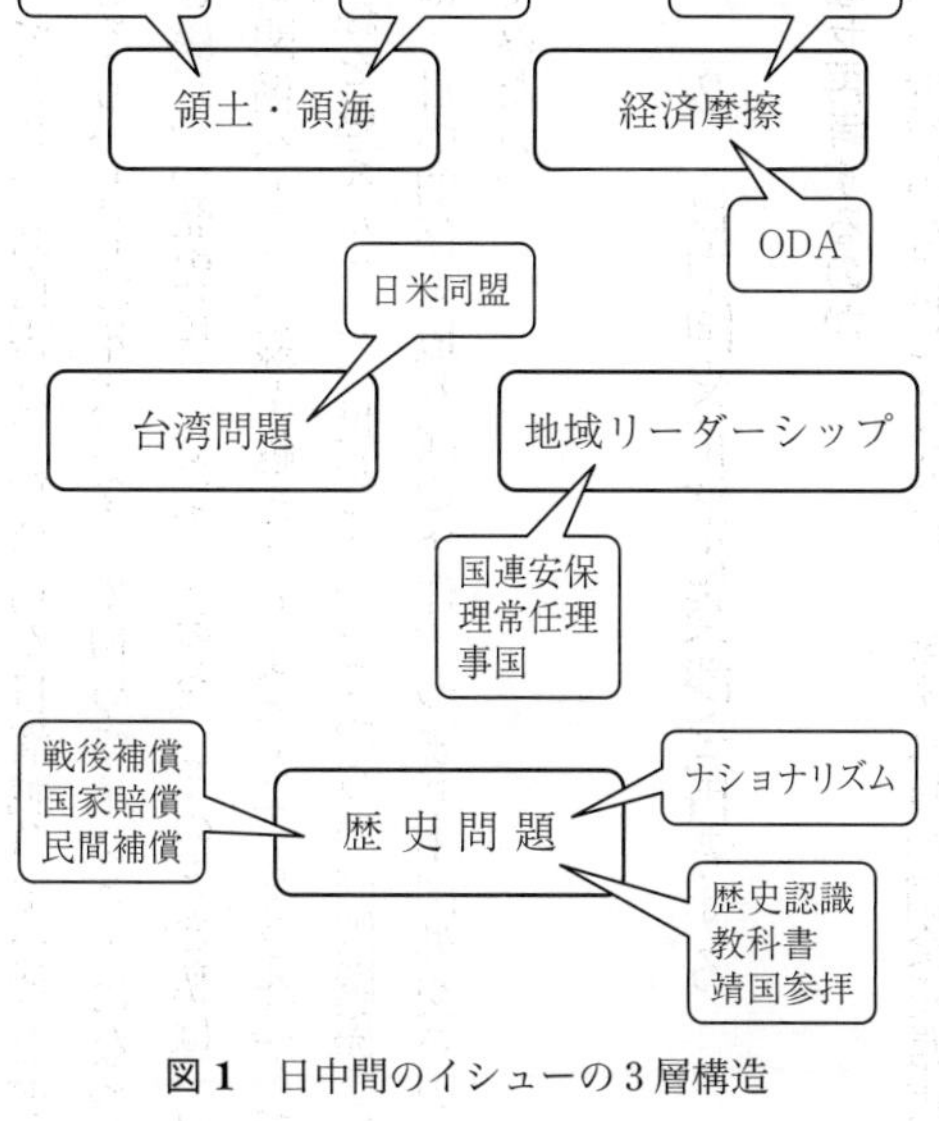

図1　日中間のイシューの3層構造

現代日中両国関係は、第三期「構造変動期」までは、この三レベルの問題がそれぞれに個別に紛争化するケースが多かった。しかし第四期に入ってからは、三つのレベルのイシューが相互に絡み合い、深く関係し合って縺れてしまっている。本来は別々のイシューが縺れてしまって解きほぐせない。それを痛感させたのは、二〇一二年、尖閣諸島を日本が「国有」にしたとき、中国が猛反発して出した「釣魚島白書」である。同白書は、釣魚島が日清戦争で台湾などと一緒に日本に「窃取された」と述べ、そもそも一九七〇年代になって初めてイシューになった尖閣の問題をあえて一九世紀の時代に引き戻し、「歴史化」したのである。そのとき私は、日中関係は三レベルのイシューが交錯する新関係へと「一線を越えてしまった」と考え込んでしまった。第三章から第五章は、この「一線を越えた」二一世紀に入ってからの両国関係を局面に分けて分析し、さらに第六章以下では、日中関係を取り囲む条件、つまり中国外交そのものについていくつかの断面に分けて考えてみたい。

2 日中国交正常化交渉を再考する

なぜ再考するのか

二一世紀の分析に入る前に、まずは日中国交正常化交渉について振り返ってみたい。というのは、今日の日中関係を考える際、関係悪化の要因の一つは七二年の国交正常化の不完全性にあるのかもしれない、という考え方もありうるからだ。

一九九〇年代後半から二〇〇〇年代にかけて、日中関係を取り巻く状況は二つの点で大きく変わった。一つは、日本側の外交文書が多数開示された。それによって知ることができた点は多い。もう一つは、とくに二〇〇五年以降の日中の激しい抗争を通じて、これまでタブーだった考え方や論点を思い切って提起できるようになったことだ。いや、提起しなければ、今後の日中関係を作り上げることができなくなっている。

本章では日中国交正常化のプロセスそのものを論述することはせず(詳しくは毛里和子・二〇〇六参照)、あくまで今日の視点から、日中交渉を見直してみたい。

まず七二年の交渉でのイシューが何だったのかを再考しよう。主に二つのことがあった。一つは台湾問題である。中華人民共和国を承認するとして、では台湾をどうするか、という問題である。もう一つは戦争状態をいかに終結させるかという問題だった。一九五二年の日華平和条約で台湾と日本との間では戦争状態は終結していたが、大陸中国との間では戦争状態は終わっていなかったのだから。

日中交渉にのぞむ日本側の目標

最初に、日中国交正常化交渉が行われた五日間の議事次第を示しておこう。

【日中七二年交渉会談次第】

九月二五日　第一回首脳会談、歓迎宴

九月二六日　第一回外相会談、第二回首脳会談、第二回外相会談

九月二七日　第三回首脳会談、毛沢東―田中・大平会談、第三回外相会談

九月二八日　第四回首脳会談

九月二九日　共同声明調印、発表

交渉は一九七二年の九月二五日から二九日までのたった五日間だったが、内容はきわめて濃いものであった。ここで日本側は何を目標とし、どういう見通しと狙いをもって交渉に臨んだのだろうか。新たに開示された日本の外交文書などにより、この日中交渉で、どちらが何を譲り、何を手に入れたのかが、かなり分かるようになった。

第一に、日本側の狙いを代表するのは田中角栄首相の決意である。一九八三年のインタヴューで彼は次のように述懐している。

「日中問題は、外交問題であるよりも国内問題だ。明治百年の歴史を見ると、いかなる内閣においても、最大の難関だった。日中問題が国内問題として、大きなガンとなっているのは、日本にとっていいことじゃない。日中問題がおさまると、国内のゴタゴタは、三

分の二はなくなる」（柳田邦男・一九八三）

彼は日中関係と日本政治の関係についてこのように判断していた。多くの日本人にとって、日中関係はかなりの部分が日本の問題であった。それだけに厄介だった。

第二に、高島益郎外務省条約局長の当時の発言から決意を知ることができる。彼は、第一回の外相会談（九月二六日）で「戦争を含む過去の日中間の不正常な関係の清算に関連した問題は、今回の話し合いとその結果である共同声明によってすべて処理し、今後にかかる後ろ向きの仕事を一切残さないようにしたい」と述べている（石井明ほか編・二〇〇三）。複雑な戦争処理の問題を、五日間で後顧の憂いなくすべて片づけるというのである。高島の決意はその限りにおいて実現した。

では、当時日本側はこの交渉をどう評価していたのか。法眼晋作外務次官の米国駐日大使に対する交渉成功直後のレポートでは、日本政府は立派に自己の立場を維持することができた、と述べている。日本の主張はほぼ通ったと満足しており、日本外務省の主流はそういう見方だった。

中国側の条件

次の問題は、日中交渉で二つのメイン・イシューが具体的にどう提案され、どう合意に行き着いたかということだ。

第一段階の提案は、一九七二年五月、公明党訪中団と周恩来首相との間でできた合意、復交三原則である(①中国は一つ、中華人民共和国は中国人民を代表する唯一の合法政府である、②台湾は中国の一省であり、中国領土の不可分の一部である、③一九五二年の日華条約は不法であり、廃棄されなければならない)。五月の時点で周恩来は、日本側にこれを認めて欲しいと考えていた。

しかし、七月末になると、これにあまりこだわらなくてよいという意思表示を別ルートでしている。それが第二の提案であり、一九七二年七月二七日から二九日、竹入義勝公明党委員長の訪中の際に、周恩来首相と行った三回の会談で出てきた八項目である。その詳細は「竹入メモ」として知られている。このとき、周恩来は共同声明の中国側原案を示している。これは整理された、とてもソフトな提案だった。

周恩来には、対日交渉を完成させるという強い決意があった。要するに、七月末の段階で既に、中国側は次のような点で大幅に日本に譲歩していたのである。第一に、中国は日米安保と六九年の佐藤・ニクソン会談に触れないことを約束する。第二に、戦争の賠償請求の権利を放棄する。第三に、五二年の日華平和条約についても、中国側は意見があるが、共同声明あるいは共同宣言ではこれについて触れない。これらの譲歩を聞いて日本側は大変安堵し、田中首相は八月初めに訪中を決意した。

最難関である賠償を中国側が請求しないことが明らかになってから、日本側の最大の関心事は二つに絞られた。一つは、周恩来が提案してきた復交三原則と日華条約、つまり台湾との関係をどうするか、である。もう一つは、サンフランシスコ体制と日中国交正常化の整合性をどうつけるか、である。

要するに、サンフランシスコ体制と齟齬をきたさないための工夫が必要だった。つまり、台湾、中華民国だけを中国の正統政府と見なす「虚構」の対中政策と、大陸政府を承認するという「実際」を認める七二年の日中正常化をどう整合させるのか、だった。外交当局も自民党主流も、七二年の交渉で、五二年の選択は間違っていた、と言ってしまうわけにはいかないというのがもっとも大事なポイントだった。

交渉のやりとり

外交のプロセスはどうだったのか。つまり、復交三原則から七月末の八項目提案と三項目黙約、そして九月二九日共同声明という三者の間で、どういう変化があるのか、である。これを細かく検証すれば、どちらが何を譲ったのかが鮮明となる。次の三点が指摘できる。

第一に、七二年九月の交渉直前に、周恩来の柔軟な七月新提案で、中国側はほとんどの持ち札を切っており、イシューのほとんどで譲っていた。第二に、日中首脳会談、外相会談の本交渉で残った課題とは、戦争をどうやって、つまりどういう表現によって、どの時点で終えるのか、また、台湾をどういうものとして日本が認識し位置づけるかという問題である。第三に、中国側は、台湾問題の決着、つまり日本と台湾との政治的な関係を切り、日台条約を切ることを最大かつほとんど唯一の目標に設定して交渉に臨んだ。中国側からすれば、日本が、日台条約は無効だ、中国の正統政府は中華人民共和国政府だと言いさえすれば成功と考えていた。

では、共同声明ではどのように確定されたのか。復交三原則については、日本は声明前文に「理解する」という文言を入れた。また、声明前文は「中国国民に重大な損害を与えたことについての責任を痛感し、深く反省する」という表現となり、謝罪という言葉は入らなかった。「戦争状態の終結」をめぐっては紛糾した。高島条約局長は、台湾との間で戦争状態は終結済みだと見なしていたが、周恩来は激怒した。前文に「戦争状態の終結」という文言は含めたが、曖昧な表現となった。また第一項に「不正常な状態」という言葉を入れて代替した。

中国の賠償請求権問題については、第五項において、「中華人民共和国は、中日両国民の友好のために、日本国に対する戦争賠償の請求を放棄する」と宣言することとなった。最後に日華条約について、不法あるいは破棄といったことは共同声明に含めず、事後記者会見で大平正芳外相が、日華条約は日中国交正常化と同時に「存在の意義を失い、終了したものと認められる」と述べて決着させた。

どう評価するか

七二年交渉は、結局のところどう評価できるだろうか。日中それぞれの問題を指摘しよう。

第一に、事前に賠償問題や日米安保問題はクリアしていたので、日本の外交当局にとっては台湾との関係が最大の問題だった。だが、これでよかったのだろうか。第二に、戦争責任の問題、賠償の問題がある。私は、七二年交渉で最低限次のようにしておくべきだったと考えている。一つに中国の賠償請求放棄に対する謝辞を共同声明に含めることがなぜできなかったのか。田中首相は会談の途中で、感謝の言葉を述べている。なぜそれを外交文書に入れて、残さなかったのか。もう一つ、賠償の代替となりうるような中国を支援する日本の新規事業をきちんと提起することも必要であった。

なお、日中関係を研究しているある日本の若い研究者は、日中交渉について次のように指摘する。賠償請求放棄は戦争についての反省とセットだったが、この中国側の考え方は日中で共有されてはいなかったとしたうえで、「国交正常化における賠償請求放棄は、日本の巨額の財政負担を避け、日本人の対中感情を好転させた反面、長期的に見れば、日本の「戦後処理」を曖昧な形にし、日中両国の歴史認識にねじれをもたらす結果になったといえよう」(井上正也・二〇一二)。

次に中国側の問題を指摘しておこう。第一に、中国の対日正常化決定は戦略性の強いものとなった。一九七一年七月から一〇月、周恩来首相は実は依然として日本への強い警戒心と不信を抱いていた。秘密訪中したキッシンジャーとの会談中、周恩来が、米国が台湾から兵力を引き揚げた後、日本軍が空白を埋めるのではないか、日本の軍事的膨張は止められないのではないか、などと日本を抑止することを米国が約束するよう執拗に求めていることからも、それは明らかである(毛里和子ほか監訳・二〇〇四)。周恩来がいつ日本との即時、一気呵成の正常化を決断したのか。これは、いまだ解けていない興味深い謎である。

左のデータも中国の対日正常化決定が戦略的だったことを裏付けている(図**2**)。『人民日報』紙上で、日本軍国主義、日本反動派、中国敵視、侵略などの反日表現が七一年一一月から突如減り始め、七二年三月からは激減しているのである（衛藤瀋吉・一九七二）。

第二に、賠償請求放棄の提案が、結果として日台の断絶との「取引」の条件となり、日中交渉はゲーム的になされた。

第三に、この重大な問題に中国の国民がまったく参画できず、ほとんどが毛沢東、周恩来によって決められ、実行され、幹部も国民もまったく知らないなかで行われた。国民不在、世論不在のなかで日中間の非常な大事が決められた。当然、その後さまざまな問題が生じた。

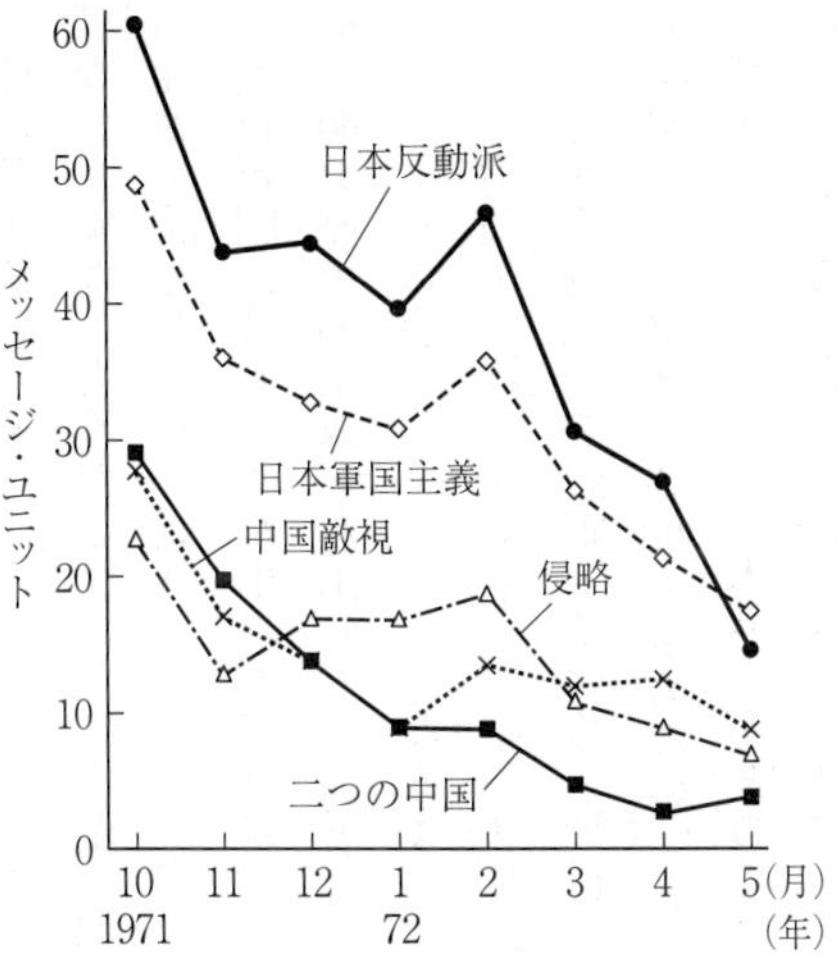

メッセージ・ユニットは，記事出現の頻度に記事の大きさのウエイトをかけたもの

図2　『人民日報』での日本言及頻度数（1971年10月～72年5月）

当時の日本メディアはどう受け止めたか

当時の人々は正常化をどう受け止めたか、その一端を紹介しておきたい。

二十数年ぶりに対中国関係が正常化することで、日本の国論、メディアは一種の興奮状態にあったのではないか。今日の感覚からすると、そのように考えてもおかしくはない。実際はどうだったのだろうか。朝日新聞、毎日新聞、読売新聞、日本経済新聞の当時の社説を読むかぎり、意外にクールで、むしろ将来に対する不安や懸念の方が強いことに驚く。

朝日新聞は共同声明が出た翌日九月三〇日に、二本の社説「日中関係の新たな出発」と「共同声明の歴史的重み」を出した。前者は、「日中両国が、いつか競争関係にたつであろうことは、いまから想定しておかねばなるまい。そのあかつき、価値観でも政治体制でも非常にちがう日中両国が、経済面でもはげしくせりあうことになれば、アジアの緊張は激化せざるをえない」と悲観的未来を想定している。翌日の社説「国際政治の中の日中正常化」は、共同声明中の「アジア太平洋に覇権を求めない」というくだりに着目し、「国際政治の中での日中正常化の意義は、これからの日本外交がどの程度この理念の実現に主体的に寄与するかによって定まる」とむしろ将来に問題を投げかけている。

また毎日新聞の社説「日中新時代の開幕」は「このたびの日中国交正常化は日本の自主的外交によるというよりは、むしろ外的要因により押出された、という色が濃い」と覚めた分析をしたうえで、「日中国交正常化という新しい歴史の開幕は、国民的喜びであると同時に、これからの日本に、これまでより以上の課題を投げかけている」とこれも将来に託している。

もう一つ注目したい点がある。中国の賠償請求放棄に当時のメディアや論客がどのように反応したか、である。なお、共同声明には日本側の謝辞も入っていないし、田中首相の歓迎会挨拶でも触れられていない。結論をいうと、大変残念ながらほとんど反応をしていないのである。唯一、毎日新聞の社説が、共同声明発表後の記者会見で大平外相が「正当に評価する」と答えた部分にふれ、「〝戦勝国としての中国〟のこうした態度に、日本国民は率直に謝意を表すべきであろう」と注文をつけただけである。

七一年から正常化交渉後の七二年末までの主要総合雑誌を見るかぎり、中国の賠償請求放棄について、謝意を述べ日本側がその謝意を具体的形で示すべきだ(日中友好基金の設置など)という論調は見つからない。誰も言わなかったのだろうか。あるいは私が見落としたのだろうか。中国が賠償請求をしないだろうという方向が明らかになったのは七一年一〇月である。中日友好協会副会長の王国権が、訪中した藤山愛一郎(日中議連訪中代表団長)に次のように述べた。

「第一次大戦後、連合国側は敗戦国から多額の賠償金を取りたて、結果的にドイツのナチズムの台頭をまねき、第二次大戦の原因となった。この反省に基づき、第二次大戦後は主要連合国が一致して賠償を取らないことをきめた。この原則は今も変わっていない。中日間についても過去よりも将来の友好関係が大事だ」(読売新聞一九七一年一〇月四日)

このことが公表されても、賠償問題への日本側の感度は鈍かった。正常化交渉が終わって代表団が帰国してからも、田中首相が帰国後記者会見で、賠償請求放棄の「好意に謝した」と述べるだけだった。また政党としては公明党が、「賠償請求権の放棄など、深い好意を示した中国側の配慮について、深く感謝する」と正式談話を発表したのみである。したがって、一〇月五日の読売新聞の解説記事「日本は甘えるな」が次のように言うのは珍しい論調なのである。

「国民が考えなければならないのは、中国が賠償を求めないとしても、それは中国人民が、日本軍国主義の戦前の中国侵略を忘れることとは全く別だということである」

「すでに政府や自民党の一部に「外交はしょく罪とは違う。中国は当面の外交上の必要から、対日賠償要求をひっこめたのだろう」との論が出始めているさいだけに、あえて強調しておきたい」(読売新聞一九七二年一〇月五日)

サクセス・ストーリー

国交正常化交渉は日本のサクセス・ストーリーとして語られる。首相、外務大臣と、チャイナ・スクールではない外務省主流の間の共同作業がうまくいったからだ。確かに得たものは大きい。ただ服部龍二が的確に指摘するように、最大の問題は、「国交正常化で置き去りにされたのは、未曽有の戦禍を強いられた中国人の心」であったことだ(服部龍二・二〇一一)。日本がこれにどう対応するかは七二年以降の課題だったが、その対応が十分だったとは言い難い。「七二年体制」は日中間の高次の戦略的取引によってできたものだ。そして「七二年体制」は、法よりも道義、理(理性、条理)よりも感情、制度よりも人が優先した。つまり、新関係を作るための制度を欠いており、今後予想される紛争を抑止、処理するメカニズムを欠いていたという脆さがあった。

中国側の標準的公式見解によると「七二年体制」は永遠だ。たとえばその代表的論者だった金熙徳(元日本研究所)は、「現在および相当長きにわたる将来、「七二年体制」に代わる二国間枠組みは成立しないだろうし、決してこの体制を越えるなどと軽々しく言ってはならない」と述べる(金熙徳・二〇〇二)。

この見解は二つのフィクションの上に作られている。一つは中国側の二分論(第二章参照)であり、もう一つは、内戦に敗退して大陸から逃げた敗残の蔣介石国民党政権を正統政権とみなし、圧倒的領域と人口を支配した中華人民共和国を認めないとする、日本側の正統性フィクションである。二一世紀に入ってからの日中関係の根本的悪化は、この二つのフィクションが二つとも壊れた、ということにほかならない。その意味で「七二年体制」は限界を迎えている。

これからわれわれは、実際に即した、生命力ある関係を新たに作らなければならない。

最近の中国には「歴史修正主義者」が出てきており、先述した正統派の見方は批判されている。すでに世論レベルでは九〇年代後半から、周恩来、毛沢東の対日基本原則についての不満が出てきた。トップリーダーが長らく語ってきた「二分論」、つまり少数の軍国主義者とその犠牲となった一般の日本人民を区別するという議論は誤りであり、七二年交渉は中国外交の失敗、敗北であると指摘する研究もある(劉建平など。第二章参照)。二一世紀に入って日中関係が変わったが、それと同時に、日中関係の研究も変わり、新しい時代に入っているのである。

虚構の終焉

結論を述べよう。第一に、普通の日本国民にとっては七二年正常化は大変喜ばしく、その後の「日中友好」運動を大いに促すものとなった。だが、冷厳にプロセスを吟味してみると、七二年交渉それ自体は決して完璧ではなく、不備と瑕疵を持つものだった。七二年は新しいスタートであって、ゴールではない。おそらく、日本の主流にとってはゴールだったのではあるまいか。最大の問題は、和解への「見取り図」を欠いたままの出発だったことである。

第二に、日本も中国も相手に対する虚構の政策の上に、七二年まで隣り合ってきた。日本は台湾だけを正統と見なし、中国は「二分論」を採用してきた。これらの虚構は冷戦の中で、両者ともやむを得ず採用したと言えるだろう。日本の場合、このフィクションによって多くの難題をやり過ごすことができた。この日本側フィクションについては、七二年段階で承認を切り替えたのだから、虚構は終わった。中国はどうか。中国でも近年「二分論」への懐疑や批判が高まり、虚構が崩壊し始めている(公式ラインは変わらないだろうが)。

第三に、「七二年体制」それ自体、制度を欠く、脆弱で不安定なものであった。特に中国側に、戦略的であると同時に非常に強い道義主義があった。日本側にも贖罪意識があった。関係はウェットになる。今後は、共通の利益、協同の戦略、合理性に立った、新しい関係を作る思考を見つけ出さなければならない。

第二章　一九七二年体制を考える

1　二分論の再検討

二分論の出自

この章では、国交正常化で生まれ、四〇年続いた日中関係の枠組みを「一九七二年体制」と名付け、その戦略、とくにその中核の思考――ごく少数の軍国主義者とその犠牲になった一般国民に分けて対応する――を「二分論」と呼び、その意味を再考してみたい。

二〇一二年、ある論文を読んでとても衝撃を受けた。一九八〇年から八八年まで社会科学院日本研究所の所長を務めた日本研究の重鎮で、リベラルな学者である何方が書いた「時代認識での誤りは全局に害をもたらす」である(何方・二〇一二)。何方は、五〇年代から半世紀以上にわたって中国の日本政策の基本だった「ごく少数の軍国主義者と犠牲になった一般国民を分ける」二分論は、まったく間違っていた、と告白したのである。彼は次のように言う。

「日本の対外侵略を民族の犯罪とみなさず、階級闘争の観点に立って、ごく少数の軍国主義分子にだけ罪を着せ、とくに日本人民をわれわれと同じ被害者とみなしたこと。これは是非を混淆するものだ。……中国に攻め寄せて強奪し、欺瞞し、蹂躙した日本兵と中国の人民を一緒に論ずることなどできるわけがない」

中国侵略戦争を「全民族的犯罪」とみなすべきだというのが何方論文のポイントである。何方はウルトラ民族主義が吹き荒れる九〇年代後半の中国において、戦後五〇年たった日本の現実をふまえた戦略的対日政策をとるべきだと提言するなど、一貫してリベラルな立場を貫いてきた。その彼が、なぜ「変心」したのだろうか。

五〇年代から国交正常化までの二〇年間、中国の対日外交の基本は次の二点にあった。一つは、社会主義陣営の一翼を担う中国と資本主義の日本との間にある東西の対立を原理的な対立軸とするイデオロギー的アプローチである。もう一つは、戦争の問題について、「ごく少数の軍国主義者と被害を受けた国民」という二分論に代表されるような「道徳的アプローチ」である。前者については、一九五二年七月、『人民日報』社説のタイトルを「中国共産党員と中国人民は兄弟のような友誼をもって日本共産党の三〇周年を祝賀する」とわざわざ毛沢東が書き直させた祝辞に端的に現れている(毛沢東・一九八九)。

米中接近が中国のイデオロギー外交に楔を入れた結果、対ソ対抗を第一にすえた中国は、イデオロギーの呪縛から基本的に脱け出した。だが、日中戦争の戦後処理についてとってきた道徳的アプローチは二一世紀に入ってもなお公式アプローチである。どういうプロセスで出てきたのだろうか。

軍国主義者と人民を分ける

中国が「二分論」をどのような場で、いつ確定したのかをはっきり摑むことはできない。中国の研究者でさえ重要な外交文書にアクセスできないからである。関係者のメモアールや断片的文書から見てみる以外にない。冷戦のさなか、米国追随の日本政府との関係を変えるのはむずかしいと見た周恩来は、五三年ころからいわゆる「民間外交」を推進する。新華社記者だった呉学文は、そのころ、「中央領導同志がこの民間交流の状況、日本への一般的反発の状況を見て、政策上二つに区分する教育を指摘」し、①日本軍国主義と日本人民を区別する(中国侵略の責任は日本政府にあり、日本人民にはない)、②日本政府内でも、政策を決定するリーダーと一般公務員を区別し、大きな悪と一般的誤りを区別する、を指示したと伝えている(呉学文・二〇〇二)。これが、今日まで続く中国の対日大原則である二分論、対日公式イデオロギーの誕生である。

ジュネーブ会談(一九五四年四〜七月)で周恩来外交が花開いたが、このころから対日政策についても中国のアプローチが明確になってくる。対米自主外交をかかげた鳩山一郎内閣が五四年一二月に成立すると中国は即座に反応した。全国政治協商会議第二回第一回会議で周恩来は、「中国は日本との正常な関係樹立を願う」、「もし日本政府が同じ願望を持ち、見合う措置をとるなら、中国政府は日本との関係正常化のための段取りを整える」と明言し、対日正常化の意思をはじめて公にした(『人民日報』一九五四年一二月三〇日社説)。

翌年一月に村田省蔵会長を団長とする日本国際貿易促進協会メンバーと会見した周恩来は、対日戦略を説明、「中国人民は日本軍国主義と日本人民は区別する。また中日両国人民の長期的利益と一時的な不和を区別することもできる」と述べながら、平和五原則、平等互恵など対日政策三原則を提示した(『周恩来年譜』上、羅平漢・二〇〇〇)。このときはじめて「二分論」という対日基本原則が日本側に伝わったのだろう。

「日本チーム」の組織

五〇年代、中国では対日政策の検討や立案、決定はどのように行われていたのか。ほとんど実態はつかめない。はじめて対日関係の組織があらわれるのは、周恩来が直接指導し、廖承志が具体的責任を負う「対日工作辨公室」である。五二年の民間貿易交渉の際にできたという。だが、対日政策策定の組織化は鳩山政権誕生の頃から始まったらしい。新華社記者として長く日本にかかわった呉学文によれば、五〇年代前半、対外関係を扱う部署として党中央の外事小組と国務院外事辦公室があった(組長・陳毅外交部長、副主任・廖承志など)。両組織は実は同じ組織である。その中に日本チーム(日本組)ができ、組長・楊正(のち王暁雲)のもとに数名のスタッフがいた。五五年からは、外交部・党中央対外連絡部・対外貿易部・対外友好協会・外交学会・共産主義青年団、総工会、人民日報社、新華社などの代表でメンバーが固まっていったという。

他方、五四年一二月、国務院外事委員会と中共中央統一戦線部は日本研究の強化を決定、五五年一二月に「対日工作委員会」を設置し、日本問題の調査研究と対日政策の計画・執行に責任をもたせることにした。外交部・対外貿易部・文化部・中共中央宣伝部・同統一戦線部・中国人民外交学会などのメンバーが加わり、主任は郭沫若、副主任は廖承志・陳家康・王芸生で、廖が実務を取り仕切っていたという(委員＝雷任民・対外貿易部副部長、李徳全・中国紅十字会会長、南漢宸・中国国際貿易促進会主席など）。だが、これらと次に述べる三月決定の関係は定かではない。

五五年の「対日工作方針と計画」

最初の対日基本政策だといわれる五五年三月文書は、ソ連・中国との国交正常化を目標にした鳩山内閣のときに生まれた。中共対外連絡部で対日責任者を長く務めた張香山によれば、五五年三月一日に中共中央政治局は「中央の対日政策活動についての方針と計画」という文書を採択し、建国後初めて総合的対日方針を打ち出した。リードしたのは周恩来、張聞天・外務次官、王稼祥・中央対外連絡部長である。

張香山が伝える「対日工作方針」の柱は、①吉田内閣が倒れた原因の解明、②鳩山内閣と吉田内閣の対外政策における相違点と共通点の分析、③中国の対日政策の基本原則設定、④これからの対日政策と対日活動の方針と計画立案、⑤中日関係の将来についての予測、となっている。

うち対日政策基本原則は次の五点である。①米軍が日本から撤退することを主張するとともに、米国が日本に軍事基地を建設するのに反対する。日本の再軍備と軍国主義の復活に反対する。②平等互恵の原則に基づいて中日関係を改善し、段階的に外交関係正常化を実現させる。③日本人民を味方に入れ、中日両国の国民の間に友情を打ち立て、日本国民の処遇に同情を表明する。④日本政府に圧力を加え、米国を孤立させ、日本政府に中国との関係を見直させる。⑤日本人民の反米と日本の独立、平和、民主を求める運動に間接的影響を与え、これを支持する。

対日接近の動き

なお張香山は、当時、「賠償問題、戦争状態の終了問題については、この段階では確定しにくいため、両国関係が正常化したときにこの二つの問題を解決するということとした」と補足している(張香山・二〇〇二)。

五〇年代半ば、中国は二つのアプローチ、つまり戦争問題については道徳的に対処する、国家関係は、冷戦を反映して、日米間の分断をはかり、日本人民を中国に引きつけるイデオロギー外交を採用した。五五〜五六年、毛沢東も周恩来も、国交正常化を含めて日本と新関係を構築しようとしたと思える。たとえば次のような動きである。

対米自主外交をかかげた鳩山内閣が五四年一二月に成立すると中国の動きは素早かった。既述したように周恩来は翌年一月、「二分論」という対日基本原則を日本側に伝えたのだろう。

中国は、鳩山内閣の誕生以来、五五年八月、一一月、五六年一月の三回にわたって、さまざまな方式、ルートを通じて対日国交正常化への積極的アプローチをした。

まず五五年三月第三次民間貿易協定の協議のため来日したのは、雷任民・対外貿易部副部長が団長をつとめ、三八名からなる、中国では初めての正式代表団である。二カ月後には貿易協定が調印された。この交渉で中国は、通商代表部の相互設置、メンバーへの外交官待遇の付与、両国通貨による直接決済方式など、しきりに日本政府を取り込もうとした。だが、鳩山内閣は「支持と協力」は約束したものの、具体的には動かなかった。

また中国が初めて国際舞台に登場したバンドンのアジア・アフリカ会議に赴いた周恩来は高碕達之助(戦前は満州重工業の総裁。戦後は代議士、経済企画庁長官)と会談、「日米友好関係を維持する前提で日中友好関係を打ち立てることができる」と述べ、バンドン会議の席上でも平和五原則のもとでの対日国交正常化に強い意欲を表明した。さらに八月に初訪中した日本の新聞メディア代表団に周恩来は、「中国はサンフランシスコ講和条約を認めないが、このことは日中国交正常化、平和条約を促進する妨げにはならない」と明言している。

とくに興味深いのは、毛沢東自ら対日国交正常化に意欲的だったことである。五五年九月、初の日本国会議員代表団（上林山栄吉団長）が国慶節祝賀のため全国人民代表大会の招聘で訪中した。中国はこの代表団を最大限の儀礼で接遇した。一〇月一五日周恩来・劉少奇・陳毅・彭真などとともに代表団を接見した毛沢東は、「われわれは同じ有色人種です」と切り出し、日中間に歴史の問題はあるが「過去のことは過ぎたこと、主要なのは将来の問題です」と語りかけた。また「両国は社会制度は一致しないが、それは日中間の障害にはなりません」、「人民の利益からいってできるだけ早く正常な外交関係を作るべきです」と語っているのである（毛沢東・一九九四）。ちなみに、毛沢東が日本の国会議員とこれほど長時間、上機嫌で面談するのは珍しく、通訳した劉徳有が三時間の会談を生々しく証言している（劉徳有・二〇〇二）。会談最後の段の毛沢東の次の言葉はとくに印象的である。

「今の日本は楽になりました。第二次世界大戦中と全く違い、今の日本には道理があります。そうでしょう？　これ以上日本に過去の〝借り〟を求めることは筋に合いません。あなた方はすでに謝りました。ずっと謝り続けることはないでしょう」

またこの代表団と彭真・全国人民代表大会秘書長との間で、「国交正常化促進および貿易促進に関する共同声明」が合意された。声明では、①ココム（対共産圏輸出統制委員会）による禁輸の撤廃、②貿易連絡事務所の設置、③遺骨の早期送還への努力を約束し、④中国は日本人戦犯処理の結果をできるだけはやく通知することとなった。

しかし、五八年の長崎国旗事件でこのような試みは頓挫し、関係は一気に暗転する。

対日賠償請求問題

ところで、七二年国交正常化交渉の最重要ポイントの一つは、中国が日中戦争の賠償請求を放棄したことである。七二年共同声明は「中華人民共和国政府は、中日両国国民の友好のために、日本国に対する戦争賠償の請求を放棄する」となった。この情報は直前の七二年七月末訪中した竹入公明党委員長に周恩来が伝えた。「五〇〇億ドル程度払わなければならないと思っていた」竹入は「まったく予想もしない回答にからだが震えた」と述懐する(竹入訪中の全記録は、石井明ほか編・二〇〇三参照)。

では、賠償請求放棄はいつ、どこで決まったのだろうか。国民は知っていたのだろうか。ちなみに当初、中国側の損害総額(台湾と旧満州は除く)は終戦当時の価格で五〇〇億ドルと算出されていた。なお一九五二年の日華条約の際、台湾は最後の土壇場になって請求権を放棄した。

一九五五年八月、中国外交部スポークスマンが日本人居留民帰還問題にからんで、中国の日中戦争被害について触れ(一〇〇〇万人以上の殺戮、数百億米ドルにのぼる損害など)、「日本政府は、中国人民がその受けたきわめて大きな損害について賠償を請求する権利をもっていることを理解すべきである」と述べた。同じ八月、周恩来が日本の新聞メディア代表団との会見の席で、「中国人民には日本に戦争賠償を請求する権利があることに日本政府の注意を喚起したい」と述べている。また一九五七年四月に日本社会党代表団（団長・浅沼稲次郎書記長）が訪中したとき、「中日国交正常化が実現したら、戦犯問題と同じように戦争賠償問題にも寛大な政策をとっていただけないか」という勝間田清一の要請に対して、周恩来は、「今はまだ決定できない。国交正常化の実現まで決められない」と答えている。

中央の方針が固まったのは経済危機を乗り切った一九六四年のことだったという（朱建栄・一九九二）。五〇年代半ばから周恩来の指揮で対日政策の立案と実行を担当する日本チームが生まれていた。責任者は廖承志である。外交部・党中央対外連絡部・中日友好協会・対外経済貿易部・新華社などから二〇名が加わった。当初、メンバーの間では対日賠償問題を審議し、賠償請求を行うべきだという議論が強かったが、周恩来が説得し、請求権を放棄するという結論に達した。最後に毛沢東の同意を得て、六四年一月頃正式に決定したという。

決定の根拠になったのは、①台湾も米国も賠償を請求しておらず、米国の対日政策を重視しなければならない、②東南アジアのケースで見ても賠償金で経済が飛躍的に発展するわけではない。まして社会主義の中国が賠償を頼りにするわけにはいかない、③日本軍国主義者と人民を区別する毛沢東の思想に反する、④高額の賠償請求をすれば正常化交渉が長引く、というものである（朱建栄・一九九二）。

賠償請求放棄を中国国民は知らなかった

この政策は中国国民に知らされることはなかったが、日本の一部には婉曲に伝えられた。一九六四年六月に訪中した東京放送報道局長（橋本博）の「日中国交回復のときには当然賠償問題が出てくるが、それについてどのように考えているか」という問いに、陳毅外相は次のように言う。

「中国人民は軍国主義者の中国侵略の間、巨大な損害を受けた。これについて中国人民には賠償を要求する権利がある。だが、戦争がすぎてもう二〇年になろうとしている。中日両国ではまだ平和条約も結ばれていない。……中日両国政府が共同努力して解決すべきなのは、まずいかに両国関係の正常化を促すかである。……国交回復がなったときに、その他の具体的問題は友好的協議を通じて容易に解決することができよう」（李正堂・一九九九）

翌六五年五月、党中央対外連絡部の対日責任者の一人である趙安博は訪中した宇都宮徳馬代議士に、①中国は他国の賠償によって自国の建設を行おうとは思っていない、②巨大な戦争賠償を敗戦国に課することは第一次大戦後のドイツの例をみても明らかなように、平和のために有害である、③戦争賠償はその戦争に責任のない世代にも支払わせることになるので不合理である、と賠償問題についての中国の基本的立場を説明している。

対日賠償について決定する際に中国政府を拘束したのは、第一に、サンフランシスコ条約に示される、連合国が敗戦国に対してとったきわめて寛容な態度である。第二が、五二年の日華平和条約交渉で蒋介石・台湾政権が日本への賠償請求をあきらめた先例だ。第三が、賠償放棄をすることで、日中正常化を早く実現できるし、なにより日本に台湾との国家関係をすっぱり切らせることができる、という戦略的判断もあっただろう。

問題は、実際に戦争の被害を被った国民である。人々はこの決定をいつ知ったのだろうか？党は賠償放棄について自国民に対しては七二年国交正常化の直前まで説明をしていなかった。説明・教育文書が幹部に届いたのは田中訪中の直前、九月中旬のことである（以上、朱建栄・一九九二）。

2　二分論をどう越えるか

日中関係二つの転機——九〇年代半ばと二〇一〇年

一九八〇年代からの日中関係は、歴史認識・戦後処理についての道徳的アプローチと日本が援助し中国が援助される経済関係が双方の利にかなっているとする利益アプローチの二つを土台にしてきた。第一章で述べたように、「ハネムーンの一五年間」だった。中国の近代化建設を軸に、日米中三国関係はきわめて順調に推移した。だがこの日中関係も、九〇年代半ばに重大な転機を迎える。日本では「戦後」が終わり、「普通の国」(小沢一郎・一九九三)を求める保守勢力が強まる。九五年八月一五日の村山富市首相の次のような談話は「戦後に告別する宣言」にほかならないのである。

「わが国は、遠くない過去の一時期、国策を誤り、戦争への道を歩んで国民を存亡の危機に陥れ、植民地支配と侵略によって、多くの国々、とりわけアジア諸国の人々に対して多大の損害と苦痛を与えました。私は、未来に誤ち無からしめんとするが故に、疑うべくもないこの歴史の事実を謙虚に受け止め、ここにあらためて痛切な反省の意を表し、心からのお詫びの気持ちを表明いたします。また、この歴史がもたらした内外すべての犠牲者に深い哀悼の念を捧げます」

他方、中国ではこの時期、「怒れる青年たち」が民族主義的な「ノー」を言い始めた。とくに対日関係では強硬な反日的世論が勢いづいた。これまで閉じ込められてきた歴史に関する日本批判が噴出してくる。「中国の生存空間がこんなに汚く狭いのは、毛沢東の人口政策のせいではない、近代以降、グローバルな戦いにいつも負けてきたからだ」、あるいは「国際関係には永遠の友はいない、あるのは永遠の利益だけだ」というような議論(王小東・二〇〇〇)が喝采を浴びる時代になった。対日民間賠償と尖閣諸島防衛を主張するNGOが動き始めた(童増の釣魚島保衛連合会)。中国でようやく「戦後が始まった」のである。

第二の転機が二〇一〇〜一二年である。二〇〇五年の反日デモをきっかけに、日中関係の土台そのものを揺るがす大転換が起こっている。一〇年秋の尖閣諸島海域での中国漁船拿捕事件、とくに一二年九月、日本が島を国有化したことに抗議する中国の暴力的な反日デモと激しい外交攻勢で、日中間には「友好」どころか、隣国に対する最低限の敬意すらなくなってしまった。事件の背景には日中関係の構造的変化がある。第一に、日本を追い越す中国の経済成長で東アジアで本格的なパワー・シフトが始まった。第二に、両国ともに権力基盤の不安定という重大な内政問題を抱えており、これがポピュリズム的な民族主義を喚起しやすい。求心力の回復にナショナリズムにまさる特効薬はないからである。日本の場合はこれに保守ナショナリズム、歴史修正主義が加わる。

第二の転機のシンボリックな出来事が、本章冒頭で触れた何方の「変心」である。結論的に言えば、八〇年代からの日中関係はこれまではなんとか道徳と利益を土台にやり繰りしてきたが、二〇一〇年からは、道徳も利益も双方をつなぐ土台ではなくなってしまった。なにを土台に再構築したらよいのか。これから苦しい模索の時代が始まる。

何方という人

衝撃の何方論文「時代認識での誤りは全局に害をもたらす」を読み解く前に、何方の経歴を紹介しよう。

何方は一九二二年に陝西に生まれた。解放後は外交部で仕事をしており、決して日本専門家ではなかった。しかし八〇年代初め、鄧小平のブレイン、国務院国際問題研究センターの責任者だった宦郷に推されて社会科学院に日本研究所を新設、その所長を務めることになった。八八年まで、日中関係の黄金時代に日本研究の中心におり、八七年には、「実は五〇年代半ばから世界は革命と戦争の時代から平和と建設の時代に入っていたのに、中国は時代を読むのに失敗した」とはっきり指摘した「時代論」で言論界を席捲したことがある。九〇年代には同センターの副幹事を務め、九七年に第一線を離れたが、今も元気で、発言し続けている。

ウルトラ・ナショナリズムが中国言論界で活発になった九〇年代半ば、彼が客観的な日本論で、日本批判の主流の議論に対抗したことを指摘しておくべきだろう。一九九七年の何方「われわれは日本と友好的にやって行けるだろうか」は、対日公式イデオロギーを踏み越えた画期的な論考である(何方・一九九七)。

彼の日本論は、戦争の歴史しか見ない主流日本論とは本質的に違う。中国の近代化建設での日本の役割を高く評価し、「中国との経済協力で日本に取って代われる国はない」し、「平和的国際環境のためのかなめは中日関係であり、対日友好関係は対米関係の改善につながる」から、「中日友好は中国の国益に合致する」と言い切る。「日本の軍国主義復活」論に対して、軍国主義、軍事大国とは何かをまずはっきりさせるべきだと説き、次のように言う。

「日本の現在の軍事力は中位の軍事国家である英仏レベルと同等だ。核兵器・航空母艦・長距離ミサイル・爆撃機などの攻撃性戦略兵器をもたない以上、一〇年から一五年内にアジア太平洋地域に直接的な軍事脅威を与える日本が成立することはまずないだろう」

彼の分析では、日本の主流派の目標は、「敗戦国というレッテルをとること、その他の大国と並立すること(国連安保理常任理事国など)、国際実務で大きな役割を果たす政治大国になること」である。彼は日本に対して幻想をもたない。

「日本の主流の戦争観は、中国や朝鮮に侵略し植民地化した、日本軍の暴行行為があった、この点は認めている。だが、太平洋戦争が侵略戦争であることは認めない。このような基本認識は大多数国民のコンセンサスでもある」

日本の主流は、「過去を終わらせ、戦後五〇年をへて、歴史問題に一段落つけようと思っており」、しかも世代が交代して「官界も、世論も、一般国民も、歴史問題に嫌気がさしている。外国からの批判に対して反感をもち、若干の友好人士でさえそうである」という何方の認識は、ほぼ等身大の日本像である。だが、この何方論文は当時の中国の学界、社会にショックを与え、彼は強い反発と非難にさらされた。

二〇一二年論文の衝撃

さて、二〇一二年論文の特徴は、九七年論文とくらべて、普通の中国人の日本観に近くなっている。何方は、自分が編集した近刊著作集の中には、時代認識と日本論でいくつかの誤った論考があるとしたうえで、とくに日本論の「誤り」を検討している。戦後ドイツと比べて日本の反省が不徹底なことを強く批判しながら、次のように指摘する。

「日本の対外侵略について、民族の犯罪とみなさず、階級闘争の観点に立って、ごく少数の軍国主義分子にだけ罪を着せ、日本人民をわれわれと同じ被害者とみなしたこと。これは是非を混淆したものだ。……中国に攻め寄せて強奪し、欺瞞し、蹂躙した日本兵と中国の人民を一緒に論ずることなどできるわけがない。また、兵にならずに、日本に残って労働に従事していたその他の日本人も、絶対多数が天皇に忠孝で、大東亜聖戦のために甘んじて貢献したではないか。真の反戦者はごくごく少数だった」

そのうえで彼は、「国家の対外侵略は「民族的犯罪」とみなすべきである。（対外侵略を行った民族は）全国上下、すべてが罪悪感をもつべきであり、侵略戦争を支持し参加した大多数人民を免罪したり、弁解したりすべきではない」というのである。

彼は、日本がドイツと違って戦争の反省が不徹底なのは、戦前のリーダーが戦後に復活して、戦前と戦後の連続性を断ち切れなかったせいだ、と分析する。そして最後に、「その他にもわれわれの認識上の誤りは多い。ソ連修正主義を主要な脅威と設定し、（一九七〇年代に）准戦時体制をとったことだ。結果は、人力、物力の膨大な浪費だけだった」と締めくくっている（何方・二〇一二)。

この「変心」は、日本批判が「ごく一部の軍国主義者」だけに集中したことで免罪されてきた日本の一般国民にとっては衝撃的である。戦後日中関係を支えてきた土台(それ自体はとてつもない虚構だったが)をはっきり虚構として排斥したのだから。では、何方はなぜこの重大な自己批判を、日中関係が最悪の状態にあるいまの時点で行ったのか。昨今の彼の論考を比較検討してみてもはっきりは解析できないが、次のような推測はできる。

第一に、二〇〇五年、二〇一二年の大衆的反日デモはネット・ナショナリズムと相まって、穏和な、「虚構」に乗っかる何方的見解を叩きつぶしてしまった。二〇〇五年前後からネットでは毛沢東・周恩来の二分論に対する厳しい批判が渦巻いていた。こういう厳しい中国の実情は認めざるを得ないなかでの何方の「決断」だったのだろう。

第二に、現実主義者である何方は、中国も日本も、戦後六〇年余りが経過し、国際的な権力構造も、国内の世論も、世代も大きく変わってきたなかで、二分論という虚構のモラルではもはや誰をも説得できないということを悟ったのだろう。九七年の彼の現実主義的立論からすると、日中関係は虚構のモラルではなく、新しい基礎、土台を構築しなければならない段階にきていることを警告したかったのだろう。しかし、新しい土台を彼は提示してはいない。

第三に、何方は二分論を政策の問題として批判しているわけではなく、歴史の見方、歴史認識の問題として提起したようだ。このことは、私が二〇一三年六月、一六年三月と二回にわたって行った彼へのインタヴューから理解できた。何方によれば、中国現代史では、数千万人の餓死者を出した大躍進政策、内乱まで行き着いた文化大革命などが完全に抹消されている。二分論をその種の「歴史認識の誤り」の一つの代表として俎上にのせたのである(この二回のインタヴュー記録はとても貴重なものだが、本書では紙幅の関係で掲載できなかった。別の機会を考えたい)。

二分論は「虚構」である。何方の「変心」は衝撃的だが、「虚構」をすてて日中関係を最初から作り直していかなければならないというメッセージとして、何方の提起を読み直すべきだろう。中国は当面、二分論を公式アプローチとして維持していくだろう。だが、新しい時期の課題に合わせた二国間関係の新核心を探り出さなければならない。相互間の敬意と尊重、交渉・対話・多国間協議で善隣関係を建て直す必要がある。

第三章 「反日」の高まり

1 二〇〇五年反日デモ

愛国無罪

二〇〇五年四月の週末に繰り返された反日デモは衝撃的だった。第一は、見る見るうちに群衆的な反日運動になってしまったこと、第二にこれだけ経済の相互依存が進んでいるのに、「日貨ボイコット」という八〇年前のスローガンを彼らが叫んだこと、そして第三は、日本の国連常任理事国入り反対という、歴史問題とは別の新たなイシューを登場させたことである。この反日デモは、①教科書検定や小泉首相の靖国神社参拝を契機にした歴史問題、②この年二月の日米安保協議が防衛の範囲に台湾を含めることを示したことに起因する台湾問題、③東シナ海の領海での海底資源をめぐる紛争、という予測できたイシューに加えて、新たに④国連安保理常任理事国入りを試みる日本を阻む動き、「政治大国日本」への反感が噴き出した点で、両国関係が新しい段階に入ったことを告げた。

何が起こったのか。二〇〇五年三月一日、韓国の三一万歳事件を記念した演説で盧武鉉(ノムヒョン)大統領が、歴史問題および竹島(独島)問題ではげしく日本を批判した。大統領は同時に、日本の国連安保理常任理事国入りにははっきりノーを表明し、これが中国の国民を刺激した。胡錦濤(こきんとう)政権の「対日新アプローチ」(後述)も、また全国人民代表大会を終えた温家宝首相が記者会見で、「日中関係は最重要な二国間関係だ」と述べたことも(『人民日報』二〇〇五年三月一五日)、民衆には「対日弱腰」と映った。三月二〇日になると、日本の教科書検定にからんで「新しい歴史教科書をつくる会」の教科書内容がリークされ、民衆をいっそう刺激した。しかも「つくる会」のウェブサイトに、三〇〇名以上の賛同者のリストが肩書付きで出た。これが三月二八日、新華社系『国際先駆導報』で報道され、記者が賛同者個人ではなく会社名を公表したことで、会社全体が「つくる会」を支援しているという誤解が生じたという。リストのトップにアサヒビールが載っていたことから、東北地方でアサヒビール不買運動が起こり、他の企業にも波及し、「日貨ボイコット」として各地に広がっていった。

またこのころ、サンフランシスコの在米中国人団体や北京の民族主義的団体が、日本の国連常任理事国入りに反対するネット署名運動を呼びかけた。すぐに署名が一〇〇〇万、二〇〇〇万へとふくらんでいった。

四月二日、四川省成都で日系スーパー・イトーヨーカ堂が襲われ、広東省でも深圳から反日デモが広がった。彼らのスローガンには、日本の常任理事国入り反対、靖国や教科書問題、日本商品ボイコット、尖閣諸島問題など日中間のあらゆる争点が含まれ、はげしい対日批判となった。翌週の四月九日には北京で一万人の反日デモとなり、さらに一週間後には上海に波及、インターネットと携帯電話による連絡で五～六万人規模に膨れ上がった。群集心理で日本人経営のレストラン、上海日本総領事館のガラスが割られるという事件も起こった。ほとんどのデモで若者たちが「愛国無罪」を叫んでいたのが衝撃だった。暴力と破壊を伴う行為は犯罪であるにもかかわらず、愛国ならばなんでも許されるという考え方は受け入れられないからである。

中国指導部内の不一致

事態のこれ以上の拡大や混乱を懸念した中国政府が規制に転じたのは、ようやく四月一七日からである。四月一九日、李肇星（りちょうせい）外相は、中央宣伝部が主催する三五〇〇人の高級幹部を集めた情勢報告会で、「日中関係は重要だ、冷静にふるまうように」と演説し、公安部門もデモに対する強い規制を行い、一部の首謀者を拘束した。だが、四月二五日の『解放日報』(上海)が「反日デモは一部の下心をもった勢力によって利用された」というはげしい調子の評論員論文を出しながら、その翌日には一転して、「愛国的熱情」に共鳴する論文を出し直したように、この間指導部内で、対日政策および反日デモについて意見対立があったことも見てとれる。それが事態の収拾を遅らせたのは否めない。

そもそも二〇〇二年二月に発足した胡錦濤政権は、江沢民政権とはちがって、日本に対して歴史問題をあまりとり上げない新アプローチをとった。だが翌年末、唐家璇(とうかせん)国務委員が主宰した対日関係工作会議では、対日強硬派の江沢民前主席につらなるグループからの圧力で、「歴史問題をおろそかにしない」というラインにシフトしたといわれる(清水美和・二〇〇六)。二〇〇五年三月、反日デモ直前に、対日政策に関する政治局常務委員を中心にした重要会議が二回にわたって開かれ、日本問題についての「三つの判断」が決まったらしい。①日中関係に当面好転の兆しはない。悪化する要素が強く、それに対して「思想的・心理的準備をする」こと、②日本が強硬に出るなら中国も柔軟にはなれない、日本が関係改善に前向きになるなら中国は前向きに対応する、③日中間の政府レベルの対話は行き詰まる可能性があるので、民間のチャネルを太く強くする、などである(同前)。

情報を総合すると、対日政策で中国の指導部内部で意見の不一致があったようである。反日デモから二カ月間の中国政府の「揺れ」からして、その可能性は大きい。一九八七年一月の胡耀邦総書記解任の理由の一つが対日柔軟政策にあったことを考えると、日本問題は時に中国政権をゆるがすほどの重要問題となる。だが、断っておくが、中央内部での不一致が反日デモを引き起こしたと見るのは当たっていない。

デモの前兆

大衆的な反日デモが起こる前兆は二〇〇三年からあった。その夏、黒龍江省のチチハルで、旧日本軍毒ガスが爆発して死亡事件が起こり、その補償問題でこじれた。結局、三億円の「慰問金」で決着したが、とくに青年層に不満が残った。同じころ北京—上海間の高速鉄道計画に日本の新幹線技術導入が有力という情報が流れると、インターネット上で新幹線導入反対の署名運動が始まり、すぐに一〇〇万近い署名が集まったという。

二〇〇三年九月には、南の経済特区珠海で、ある日本企業の慰安旅行での「集団買春事件」が発覚した。また一〇月二九日には、西安の西北大学文化祭で、日本人留学生三人が「下品なパフォーマンス」を行ったとして中国人の反発を招き、学生や一部市民が留学生寮に押しかけ、暴力事件が起こった。彼らは街頭でデモを行い、日本製品ボイコットを訴えた。さらに、一一月にはトヨタ自動車広告事件が起こった。中国文化のシンボルである石獅子がトヨタ車におじぎするという広告が「中国への侮辱」だとして市民が反発し、トヨタ側が謝罪してなんとかおさまった。年末には、「釣魚島保衛連合会」という民間組織が生まれた。代表は対日戦争賠償運動をすすめてきた童増である。翌〇四年三月には彼らが釣魚島上陸を強行した。同年夏のサッカー・アジアカップで、日本チームに対する激しいブーイング、大使館公用車への暴力行為なども起こった。

つまり、〇五年四月の反日デモが起こる前から中国の反日民族主義がマグマのようにたまっており、いつ爆発しても不思議ではない状況だったのである。

ネット民族主義

デモ当時、日本のメディアでは多くの論者が、「中国政府がやらせている」、「中央で権力闘争が起こっていてそれが対日関係に現れた」、「九〇年代半ばからの〝愛国主義教育〟の結果であり、中国側に問題がある」という見方で解説した。だがそうだろうか。事態はもっと奥深く、根が深いように思われる。

もちろん「愛国主義教育」が影響しているのは言うまでもないが、根底には、改革開放以後の中国社会の多元化状況、自由な空間の拡大がある。とくに注意しなければならないのは、突然の大国化で若者や中間層に、排外的で「大国主義」的民族主義が蔓延し始めたことだろう。それらがインターネットと携帯電話というまったく新しい情報手段によって相互に増幅しあうようになり、突然肥大化した、と見た方がよい。

ラディカルな民族主義の論調はネットに接する若者に大人気だという。前に紹介した王小東は、民族主義者の仕事は中国を超大国にするために奮闘することだ、と断言する。彼によれば、「九〇年代末からの中国でのインターネットの猛烈な発展で、民族主義がこれまでのメディアの封鎖とタブーから脱し、民間における民族主義の迅速かつ広範な伝播を可能にした」のである(王小東・二〇〇五)。

また林治波(軍出身の『人民日報』論説委員)の対日外交論は挑発的だ。彼は、民族の自発的感情の発露である民族主義をもち上げながら、「日本に対してもっと強硬になれ、〝友好交流病〟にかかるな」と叱咤する。なぜなら、いまの両国間の矛盾は「台頭する中国、それを見たくない日本」という構図にあり、経済関係は相互補完性が弱まり、競争関係がますます強くなっているからだという。日本の国連常任理事国入り問題では、「中国は拒否権を使え」、「せっかく拒否権をもっているのにこんなとき使わないでいつ使うのか」とまで言い切る(林治波・二〇〇五)。

こうした排外的なラディカルな民族主義や、それに拍手喝采する「怒れる青年たち」(憤青)。他方で、中国のネット人口の大衆化、若年化が進んでいる。二〇〇五年のある調査では、一億人を超えるネット利用者のうち、月収五〇〇元(七五〇〇円)以下が六五%、中卒以下の学歴が三〇%、一八歳未満が一七%である(田島英一・二〇〇五)。チャットで書きこみをする多くは大卒、あるいは一流大学の学生というより、社会に溢れている非エリートの若者たちではないだろうか。

もちろん、こうした傾向を批判する動きもある。任丙強(じんへいきょう)は、彼らはなんでもかんでも反対する、一種の「排泄行為」、精神的奴隷化現象だと突き放してとらえる。そして、「憤青文化」のなかで、極端なことをいう学者ほど歓迎され、言論がますます極端になり、世論全体が「非理性的」になっていくと強い懸念を示す(任丙強・二〇〇五)。しかし、王小東や林治波の言論はとにかく明快だ。断言し、人を納得させる。二〇〇五年反日デモは、大衆社会化が始まった中国に特有の政治社会現象なのである。いいかえれば、きっかけがあればまたいつでも起こり得る。

昨今同じような状況が日本にも見られる。単純明快なもの、理性ではなく感情に訴えかけるものほど歓迎される。脅威と不安をもっぱら煽る情緒的な中国論が、論壇やメディアでもてはやされる。情緒的なものほど伝染しやすく、共振しやすい。

悪くなる相互イメージ

二〇〇五年反日デモは、インターネットや携帯電話という新情報手段で若者たちにあっという間に広がり、コントロールできなかった点で新しい。また、デモの発生が日本社会に過激な中国脅威論をはびこらせた。日中関係は政府間の関係から国民間の直の関係に移っている。背後には、二〇〇〇年代に入って悪化した中国国民の対日感情があり、そのまた背後には、既述したように大国中国を振りかざす極端な民族主義の潮流と、それに口実を与える日本政府の対応がある。

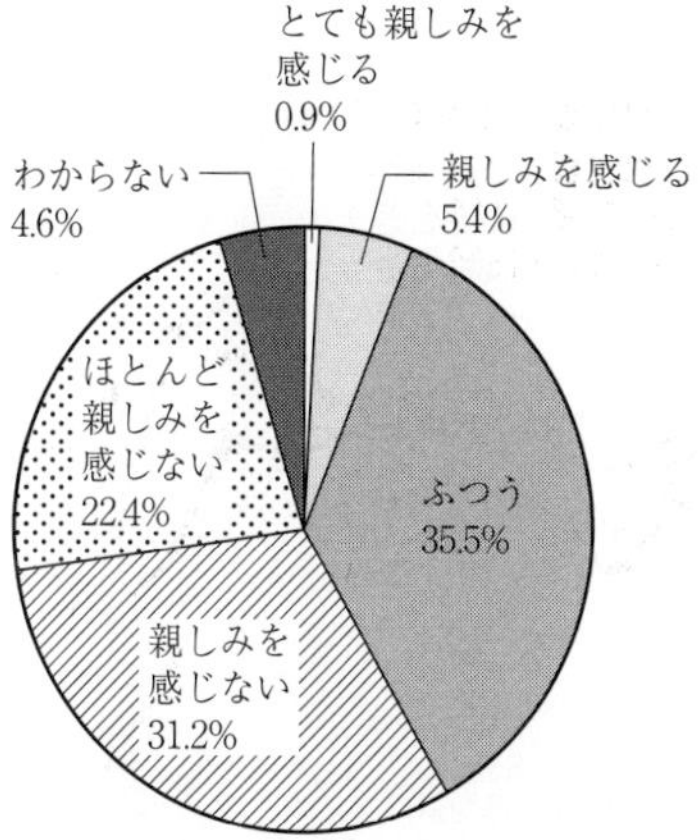

調査機関　社会科学院日本研究所，調査時点 2004. 9–10，調査対象 3300 人，有効回答 2987 人
出典：『日本学刊』2004 年第 6 期

図 3　中国の対日イメージ(2004 年秋)

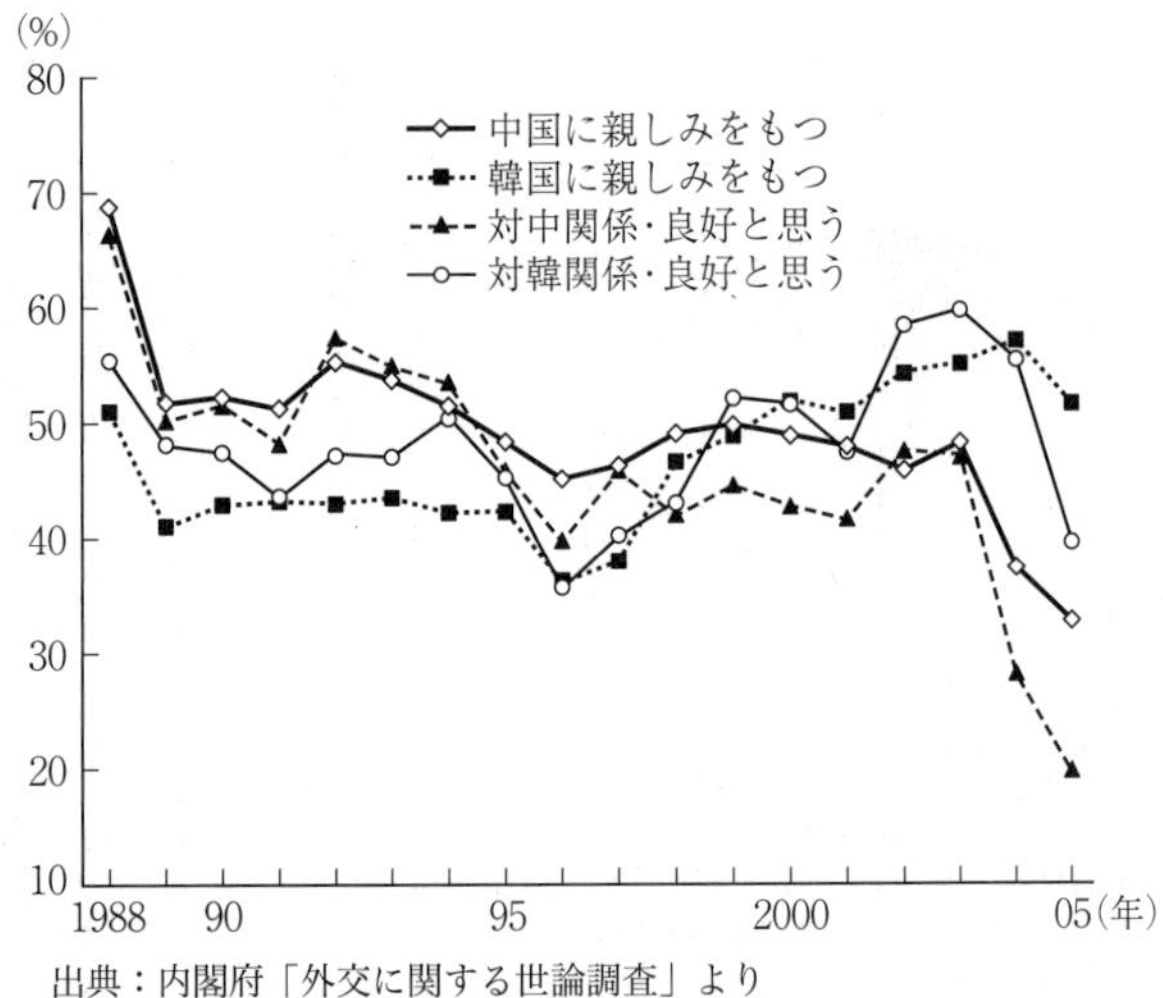

出典：内閣府「外交に関する世論調査」より

図4　日本の対中・対韓世論の変化(1988〜2005年)

そうした中で相互イメージの悪化がとても顕著になった。二〇〇四年秋に中国社会科学院日本研究所が実施した世論調査の結果(**図3**)によると、「親しみを感じない」人が五三・六％と過半数になっている。

日本でも一九八九年の天安門事件以来対中イメージが急激に悪くなってきている。**図4**は、内閣府(前総理府)が一九七八年から毎年一〇月、三〇〇〇人前後を対象に行っている「外交に関する世論調査」の一部である。サッカーのワールドカップ共催、映画や音楽などの流入(韓流)で好転している対韓イメージと比べてみよう。

対中イメージの悪化は、①八九年の天安門事件、②九六年の台湾海峡でのミサイル演習、そして③二〇〇四～〇五年、の三つにはっきり見てとれる。九六年から二〇〇四年までイメージが好転している韓国とは対照的である（もっとも、二〇〇五年調査では、対韓イメージも陰りが生じている）。二〇〇五年四月の反日デモの後は、中国に親しみをもつものは三二・四％、対中関係を良好と思うとする層は一九・七％に激減した。イメージは相互に影響し合う。一方が悪くなれば他方も悪くなる。また世論はときに理性的というより感情的になりがちだ。

2　日中間の新たな争点

国連安保理常任理事国入り問題

今回の反日デモが日本にとって衝撃的なのは、歴史問題をめぐってあっという間に大規模デモになったということだけではない。日本の国連常任理事国入りに反対する中国人の署名運動が世界を駆けめぐったことの方がショックが大きい。政治家をはじめ多くの日本人は、戦後六〇年たったのだから、国際社会は「敗戦国」のレッテルをとってほしい、しかも世界第二の経済大国として国連分担金の二〇％以上を引き受け、また世界一、二の援助国になって国際的にも貢献しているのだから、常任理事国の資格は十分備えているはずだ、と感じている。それだけに、あっという間にこれだけの華人がネット上で反対署名するという事態は想定外で、日本政府は「政治大国」日本を喜ばない中国政府の公的意図が反映しているのではと強く反発した。

二〇〇五年三月二一日、アナン国連事務総長は、総会に安保理理事会の拡大を勧告し、記者会見で、「常任理事国増加の合意がなれば、アジア地域の割り当ての一つは日本に行く」と発言した。これが中国民衆の反発を呼んだ。この頃、中国の反日ネットである九一八愛国ネットの呉祖康や、対日民間賠償請求運動、釣魚島保衛連合会の主宰者である童増、またサンフランシスコの在米中国人団体などが、全世界の中国人に反対署名を呼びかけた。署名はまたたく間に一〇〇〇万を超え、三月三〇日までに二二〇〇万となった。彼らは、「日本は誠意に欠け責任を負わない国だ。……日本は国連分担金が多いからと言っているが、国連というのは正義を守る国際組織であり、会社の理事会ではないし、株を多くもっているものが大株主になれるというものでもない」という考えを共通にもっているらしい(周遠征・二〇〇五)。署名が中国の三大ポータルサイト(新浪ＳＩＮＡ、捜狐ＳＯＨＵ、網易ＮＥＴＥＡＳＥ)を通じて大々的に行われたことからすると、中国政府の間接的支持があったとも推察できる。署名運動は重慶や広州などでも行われ、アサヒビール不買運動などとドッキングした。

中国政府は?

この問題での中国政府の公的な立場はどうか。私は、四月の反日デモそれ自体は政府がしかけたものではなく、自然発生的な突発事だったと考えているが、常任理事国問題に関しては、政府は反対署名運動に関わっていたのではないかと思う。

たしかに中国政府はそれまで、日本の安保理常任理事国入りについて公式には反対だとも賛成だとも明言していない。だが否定的な態度は示唆してきた。二〇〇四年九月、外交部の孔泉スポークスマンは、「安保理は会社の役員会ではない。拠出金の多寡によってメンバーを決めるわけにはいかない」と述べ、また安保理改革の原則として「途上国の意見を反映させる、作業の効率化をはかる、共通の認識をもつ」の三つを提示した。日本への否定的態度が窺える。またインターネットで署名運動が始まると、外交部スポークスマンが、これは「反日感情ではなく、日本に対し歴史問題で正確かつ責任ある態度を取るように求めているものだ」として、理解と共感を示した(人民ネット・二〇〇五年三月二五日)。

この署名運動の直後、凌青(りょうせい)・前国連大使はある雑誌で、第一に、首相がA級戦犯を祀った靖国神社参拝をしていることが示すように、歴史問題で「心からの謝罪」をしておらず、アジアの隣国からすれば、日本は安保理常任理事国になる資格を備えていない、第二に、台湾問題を米日の「共同戦略目標にした」などを理由にして、日本の常任理事国入りに強い反対を表明している(凌青・二〇〇五)。また七月になると、中国政府は安保理拡大のための日本・インド・ドイツ・ブラジルの「四カ国提案」にはっきり反対を表明、四カ国提案を葬るためにアジア・アフリカ諸国などに働きかけた。国連において「アジアの大国」は中国だけで十分なのだろう。台湾問題というアキレス腱を抱える中国からすれば、米国との同盟関係を強めている日本が拒否権をもつ常任理事国となり、国際社会で中国と並ぶというシナリオは避けたいのだろう。二〇〇五年反日デモは、アジア地域・国際社会でのパワーをめぐる日中の抗争の兆しなのである。ちなみに、四カ国提案について共同提案国になったアジアの国は、ブータン、モルディブのほかはアフガニスタンだけだった。ヨーロッパでは、ドイツのためにフランスなど一一カ国が共同提案国になっている。

台湾問題と日米安保

さらに、日本の防衛協力新方針や台湾をめぐる日米安保の強化の動きに中国は反発した。二〇〇四年一二月、小泉内閣が閣議決定した「新防衛大綱」は、「中国軍の近代化や海洋活動範囲の拡大には注目する必要がある」とはじめて中国の防衛力への警戒に言及した。その背後に中国潜水艦の日本領海侵犯事件があった。

二〇〇五年二月には、外交防衛閣僚による日米安全保障協議委員会(SCC。いわゆる2+2)がワシントンで開かれ、日米軍事協力と在日米軍再編の基本となる共通戦略目標で合意し、共同声明を発表した。

共同声明には、国際テロなどとともに、北朝鮮の核問題、中国の台湾海峡問題と軍事力近代化が、日米両国が対応すべき共通戦略の対象に明記された。共同声明第一〇項の「地域における共通の戦略目標」には、「台湾海峡をめぐる問題の対話を通じた平和的解決を促す」、「中国が軍事分野における透明性を高めるよう促す」という文言が入ったのである。安保関係の文書に中国が日米安保の対象として明記されたのははじめてのことだ。これまで日本政府は、一九九六年の日米安保の再定義、「日米防衛協力の指針」(ガイドライン)、周辺事態法などでは、「周辺事態は地理的概念ではない」などとして、自衛隊が米軍に協力する事態に台湾海峡が含まれるかどうか、終始明言を避けてきたのである。

中国外交部スポークスマンは即座に、「日米軍事同盟は冷戦という特殊な歴史的条件でつくられた二国間関係であり、二国の範囲を出るべきではない。共同声明に中国の国家主権、領土保全、国家の安全にかかわる台湾問題が入っていることに対して、中国は断固反対する」と激しく反発した(『人民日報』二〇〇五年二月二一日)。

中国の反発は、米国に対してよりも日本に集中した。『人民日報』系のメディアは、台湾問題はこれまでアメリカ問題だったが、いまや日本問題ともなった、〝中国封じ込め〟に日本は米国より熱心だ、と日本の立場の変化に強い懸念を示した(『環球時報』二〇〇五年二月二一日、二三日、二五日)。

実のところ、台湾海峡をめぐる日米安保関係の強化は、中国にとって歴史問題以上にセンシティブな問題である。と同時に、東アジアで熾烈な両国のパワー争いが始まっていることの証左でもある。

ODAをめぐって

中国の急速な台頭と日本経済の低迷で、二〇〇〇年ころから日本では中国への援助を見直す動きが出てくる。その後、首相の靖国神社参拝が引きがねになって関係が悪化すると、二〇〇五年三月、小泉政権は、北京オリンピックが開かれる二〇〇八年度をめどに対中円借款を終了させる方針を閣議決定した。八〇年代には日中の良好な関係のシンボルだったODAが、昨今では日中間のあらたな争点になっている。日本の一部は「中国の感謝が足りない」と不満をいい、一方中国からは「日本は賠償を払っていないのだから援助するのが当然だ」というようなひそかな声も聞こえてくる。

靖国神社参拝だけでなく、東シナ海のガス田開発などをめぐる対立が目立つにつれ、二〇〇五年度分の対中円借款供与の閣議決定を当面見合わせる決定をするなど(二〇〇六年三月二三日)、日本側がこのカードを切っている。中国は「借款は中日双方に利益をもたらした」と協議を続けるとしているが、興味深いのは、二〇〇六年三月二四日から中国の三大ポータルサイトの一つ網易NETEASEで始まった日本のODAを賛美する大キャンペーンである。

「北京の地下鉄や首都空港が日本からの低利借款でできたなんて思わなかったわ。だって中国のメディアはそんなことほとんど言わないじゃない」という女性の言葉に始まる網易の特集「日本の対中援助に感謝する」は、日本は中国にとって最大の援助国だったこと(全体の六一・二%)、九〇年に日本は世界最大の援助国になったこと、鉄道の電化など、中国のインフラ整備に日本の円借款が大きく寄与したことなどを大々的に報じた(網易・二〇〇六年三月二五日)。

他方で、三月二四日の『新京報』の記事「平常心をもて」は、これまでの援助は何も日本の金儲けのためだけではなく、中国の近代化を大いに助けたと強調しながら、中国経済が「怒濤のように成長している」いま、その停止は「正常なこと」で、「平常心をもって対応すべきだ」

という。

このような中国のメディアの変化の背後になにがあるのかは定かではない。だが、八〇〜九〇年代、日本が対中ODAを供与したのは、中国の経済発展、基盤整備を助けたいという動機がある一方、その背後には、払わないですんだ戦争賠償に代替できれば、という気持ちがあったことはたしかである。

領土・領海問題

二〇〇五年からエネルギー開発をめぐって、領土・領海問題が日中間でヒートアップしている。一つは、東シナ海(東海)の排他的経済水域(EEZ)をめぐってである。国際法で一般に認知されている中間線原則をとり、境界は沖縄諸島と中国沿岸との中間線だとする日本側の主張に対して、中国は大陸棚の延長という国際海洋法の規定にもとづいて沖縄トラフまでの二〇〇カイリを主張する。

もう一つは、東シナ海EEZ境界線海底でのガス田開発である。中国は、数年前から国際公開入札を行い、米国企業二社も含めて、日本側が主張しているEEZの境界線付近で春暁(日本名白樺)などいくつかのガス田の開発に着手してきた。日本は、春暁がその境界線から数キロしか離れていないために、中国がそこでガス田を採掘すると、日本側の海底にある天然資源まで吸い出す可能性がある、として強く反対している。二〇〇五年春には、日本の経済産業省が、この係争海域で民間企業に試掘権を与えると発表、以後いくつかの企業がこの地域でのガス田の試掘作業を始めた。

そのほか、東京から南南東に一七〇〇キロ離れたところにある沖ノ鳥島問題もある。この小さい「島」を中心に、日本は太平洋上に四〇万平方キロの排他的経済水域があると主張する。だが中国は、日本領だが島ではなく「岩」だとし、海洋法の原則からしてそこには排他的経済水域は設定できないとする。国際法、国際的慣習などをふまえた交渉で出口を探る必要があるが、問題なのは、近年沖ノ鳥島周辺で中国の海洋調査船が、事前通告なしに調査をくり返しており、それが日本を強く刺激している点である。

尖閣諸島の領有権問題については、一九七八年一〇月に来日した鄧小平が、「私どもは、両国政府はこの問題はとり上げないのが比較的賢明だと考えています。このような問題は一時棚上げにしても問題はないし、一〇年間ほうっておいてもかまいません。将来かならず双方とも受け入れることのできる、問題解決の方式をさがし当てるでしょう」と発言したように(『北京週報』一九七八年第四三期)、中国の公式態度は、この問題を棚上げにして共同で開発しよう、というものである。この点は九六年一〇月一二日、銭其琛外相の日本報道界訪中団への書簡でも確認される。日中双方とも世界一、二のエネルギー輸入国である。理性的な交渉による合理的な処理が待たれるが、このような利益に直接からむ問題は、ともすれば、双方の国民レベルでの排外的な民族主義を煽り、関係を緊張させる要因になりかねない。双方とも、ラディカルな民族主義と切り離した、冷静な交渉が必要だろう。二〇〇四年一〇月から日中ガス田協議(東シナ海石油天然ガス開発に関する日中局長級協議、中国名は中日東海問題磋商)が始まったが、資源開発、領土問題、危機管理、安全保障すべての領域で制度化された対話が不可欠である(第四章参照)。

第四章　制度化の試みと蹉跌

1　回復した首脳往来

二一世紀早々の日中関係は、五回にわたる小泉純一郎首相の靖国神社参拝でハイレベルの接触はすべて途絶えた。だが、外交当局の水面下の努力があったのだろう、二〇〇五年から「小泉後」を見越して、両国の実務的接触が静かに始まった。外務次官レベルの日中総合政策対話(「中日戦略対話」)、外務省局長レベルの東シナ海問題協議(「中日東海問題磋商」)などである。

二〇〇五年四月、週末になると、中国大都市部で激しい反日デモが起こった。靖国神社参拝などが象徴する日本の対中態度への不満が爆発し、折からの国連常任理事国への日本の積極的動きにも反発が高まった。だが、胡錦濤政権はその反日の動きを懸命に抑えた。

安倍首相の訪中

二〇〇六年九月安倍内閣が誕生した。世論調査では国民の八〇%が支持するという好調なスタートだった。そもそも安倍晋三は、「日本の前途と歴史教育を考える若手議員の会」の事務局長をやったり、『美しい国へ』(二〇〇六年)で日本主義を謳歌したり、従軍慰安婦問題では「国家による強制性を裏付ける証拠はない」と発言したり、保守ナショナリスト傾向がきわめて強い。ただ、首相になったらまず韓国、中国を訪問し、アジア外交を推進したいとの意欲を示し、靖国神社参拝については「行く、行かないを明らかにしない」と曖昧戦略をとった。中国側はこうした安倍新政権に対して積極的にアプローチし、一〇月八日、中国共産党第一六期六中全会の開幕日に安倍首相を迎えた。

この背後で経済界の強い働きかけがあったと思われる。二〇〇六年五月九日、経済同友会(中国委員会)の「今後の日中関係への提言——日中両国政府へのメッセージ」が発表された。メッセージは、「日中の経済関係は発展しているのに……政治面および両国の国民感情という面においては、きわめて憂慮すべき情勢にあり、深刻に受け止めねばならない」とし、「旧来の日中友好を超える新たな基本理念、基本政策に基づく具体的施策」、「包括的戦略的パートナーシップ」を両国政府に求めた。そして、日中間の「大きな障害」が「総理の靖国神社参拝問題である」とし、参拝再考を求めたのである。さらに「〝不戦の誓い〟をする場として、政教分離の問題も含めて、靖国神社が適切か否か、日本国民の間にもコンセンサスは得られていないものと思われる。総理の靖国参拝の再考が求められるとともに、総理の想いを国民とともに分かち合うべく、戦争による犠牲者すべてを慰霊し、不戦の誓いを行う追悼碑を国として建立することを要請したい」(同友会の提言全文 https://www.doyukai.or.jp/policyproposals/articles/2006/060509a.html 参照)。なお「今年は靖国神社への参拝をとりやめる」という中曽根康弘元首相の胡耀邦総書記宛て書簡(一九八六年八月一五日付)がこのメッセージに付けられた。

五年ぶりの首相訪中である。首脳会談後、〝戦略的互恵関係〟をキーワードとする「日中共同プレス・コミュニケ」が発表された。両国は、日中関係は「最重要な二国間関係」だという認識を共有し、「双方の戦略的利益に立脚した互恵関係を構築」することで合意した。さらに、日本側は、改革開放以来の中国の発展が日本を含む国際社会に巨大なチャンスをもたらしていることを積極的に評価した。また日本側は、戦後六〇年余と今後も平和国家の道を歩み続けることを強調、「中国側はこれを積極的に評価する」との文言が入った。一九九八年金大中・小渕会談での共同宣言の一部を踏襲した。

次のような対話をスタートさせることで合意した。①東シナ海問題の協議、②安全対話と防衛交流、③資源・環境などでの協力、④経済分野での閣僚レベルの対話、⑤学術界の共同歴史研究の開始、⑥正常化三五周年の二〇〇七年を日中交流年にする、などである。

コミュニケにある「戦略的互恵関係」という用語は、二〇〇五年二月に外交ルートを通じて中国が「中日戦略対話」を提起し、日本側が「総合政策対話」として受け入れた、という経過がある。「戦略的互恵関係」へのレベルアップ、さまざまな対話の開始、相手に対する相互の積極評価など、少なくとも安倍訪中は、一九九八年の江沢民国家主席来日よりも成果を上げた。

日本のメディアは関係の修復への第一歩として前向きに受け取った。中国の主流メディアも、安倍訪中を「氷を砕く旅」と表現、「歴史的意味がある」と好意的に報道した(『環球時報』二〇〇六年一〇月九日、一〇月一六日)。だが、安倍首相の「新日本主義」や日本の今後の方向が不透明だとする懸念も見られた(人民ネット・二〇〇六年一〇月一八日)。

温家宝首相の来日

二〇〇七年四月の中国首相の訪日は六年半ぶりである。共同プレス・コミュニケ、「エネルギー分野の協力強化に関する共同声明」が出された。前者は、「戦略的互恵関係」について、アジアと世界の平和と安定への貢献と責任、二国間・多国間・国際レベルでの協力、共通の利益の拡大がその基本精神であるとし、具体的内容を次のように確定した。

＊首脳往来、政策の透明化、政府・議会・政党交流を進め政治的信頼関係を作ること。

＊資源・環境・金融・通信・知的所有権問題などでの互恵的な協力を進め、協力メカニズムを改善すること。

＊防衛問題での対話・交流を進め、地域の安定維持をはかること。

＊青少年、メディア、都市間、民間の交流を強化し、文化交流をはかること。

＊朝鮮半島核問題、国連安保理改革、ＡＳＥＡＮとの連携など、地域および地球的課題に共同で対処するよう協力を深めること。

また、両国対話メカニズムについては、①経済ハイレベル対話のほか、②戦略対話、③安全対話、④国連改革問題協議(磋商)、外務省スポークスマン協議などを設けることになった。

温訪日の成果は四月一二日、日本の国会での演説「友情と協力のために」である。中国首相初の日本の国会演説のトーンは温和、丁寧、共通の利益を強調するもので、全国に放映され、日本国民に好意的に受け止められた。

まず歴史認識問題について、「日中正常化以来、日本政府・リーダーが歴史問題について何回も態度を表明し、侵略を認め、被害国に対する深刻な反省と陳謝を公開してきたことを中国政府と人民は積極的に評価する」と中国リーダーとして初めて日本側の反省と陳謝を公に認めた。さらに、「日本は戦後平和的発展の道を選び、世界の主要な経済大国となり、国際社会で重要な影響力をもつ国になった」と戦後日本の歩みを評価した。言ってみれば、温演説は、中国トップリーダーが初めて示した日本への「和解」提案である。これを土台に政府間・国民間の和解が進めば両国は明るい新世紀を迎えることになっただろうが、領土をめぐる衝突などがその可能性を奪った。

なお、環境問題では首脳会談と並行して、「日中エネルギー閣僚政策対話」(甘利経済産業相、馬凱・国家発展改革委員会主任)が開かれ、省エネルギー技術の供与、原子力発電所建設での協力を確認した。

日中間には水面下に大きな氷塊が横たわっているから、温首相が言うように今回の訪日が「氷を溶かす旅」になったかどうかは定かではない。だが、前年の安倍訪中より関係を前進させた。時殷弘(中国人民大学)は、温訪日は戦略的互恵関係の内容を確定し、資源・環境などでも対話・協議を設定して予期以上の成果を上げたと、協力と共通の利益を探るのが「戦略的互恵関係」である、と論じた(『新京報』二〇〇七年四月一四日)。

福田首相の訪中

だが、日本の政情はきわめて流動的だ。安倍首相は、歴代政権が手をつけかねていた改憲意欲と教育基本法改定、集団的自衛権の行使容認などで右派の期待を集めた。だが小泉政権が残した市場経済至上主義のマイナスの遺産に押しつぶされ、体調の悪化もあり、一年しかもたずに退任した。代わって二〇〇七年九月に登場したのが福田康夫内閣である。自民党内の穏健派として、アジア外交の建て直しを政策に掲げた。一一月最初の外遊で米国を訪れた福田首相は、ブッシュJr.大統領との首脳会談で、「日米同盟とアジア外交の共鳴(シナジー)」を志向する、と表明した。

一二月二七〜三〇日の福田新首相の訪中は大変慌ただしく行われたが、中国側は、初の両首相共同記者会見、胡錦濤主席主催の夕食会、福田首相の北京大学での講演の全国生中継など、厚遇した。福田自身、平和友好条約三〇周年を迎える二〇〇八年を「日中関係の飛躍元年にしたい」という思いをもって訪中した。

この訪中で「環境保護協力のいっそうの強化に関する共同声明」、「環境エネルギー分野における協力促進に関する共同コミュニケ」、「日中青少年友好交流年の活動に関する覚書」が同意され、また日本側が提起していた「中国環境保全についての日中共同基金」構想が動き出すことになった。双方一〇〇〇億円の出費だが、日本からの円借款が二〇〇七年度に終了することへの補塡の意味もある（日本経済新聞二〇〇七年一〇月二三日）。

福田首相は北京大学で「ともに未来を創ろう」と題し、「日中両国は、アジアおよび世界の良き未来を築き上げる創造的パートナーたるべし」という信念を披瀝した。さらに、日中の「戦略的互恵関係」には次の三つの柱がある、と語った。それは、①環境・省エネ分野、知的財産権保護などの分野での互恵協力、②テロリズムとの闘い、北朝鮮非核化や拉致、国連安保理改革、アフリカの貧困救済などでの国際貢献、③青少年交流・知的交流・安全保障分野の対話などを通じての相互理解と相互信頼、である。

さらに北京大学学生一〇〇名、付属高校生五〇名の研修招待など「福田北京大学プラン」を紹介、「もともと地上には道はない、歩く人が多くなれば、それが道になる」という魯迅の言葉で締めくくった（福田首相のスピーチは http://www.mofa.go.jp/mofaj/press/enzetsu/19/efuk_1228.html）。

なお、福田訪中で東シナ海ガス田をめぐる協議のレベルアップおよび加速化が合意された。「必要に応じ引き続き次官級の協議を行い、日中関係の大局の観点から、また国際法にのっとり、これまでの進展を踏まえてともに努力し、できるだけ早期に解決策について合意をめざす」という「共通認識」が示された。

中国側は台湾について敏感だった。台湾名義の国連加盟の是非を問う住民投票について、首脳会談で福田首相は「一方的な台湾海峡の現状変更につながるのであれば、支持できない」と述べた。共同記者会見で温家宝首相は、「福田首相が冷静に、台湾のいわゆる国連加盟の賛否を問う住民投票を支持しないと表明したことを評価する」とわざわざ確認した。

胡錦濤主席の来日

二〇〇八年春の胡錦濤主席の日本訪問が首脳往来のサイクルを完成させるはずであった。だが、日中両国は、当面のイシューだけでも、東シナ海ガス田開発問題、中国製ギョウザ中毒事件、台湾問題と、危うい課題をいくつも抱えていた。

二〇〇八年一月、千葉県、兵庫県で中国河北省の「天洋食品」が製造した冷凍ギョウザを食べた三家族一〇人が食中毒にかかり、有機リン系殺虫剤メタミドホスが検出された。健康被害を訴えた人は四九〇人以上に上った。中国側の輸出入検査検疫局が「安全上の問題はなかった」としたり、中国側捜査当局が中国で混入された形跡はないと否定したために、問題は大きくなった。

突然二〇一〇年三月になって天洋食品のもと従業員がメタミドホスを混入した容疑者として逮捕され、事件は一転して解決へ。待遇に対する個人的不満から毒を入れた、と自供したという。同じころ、メラミン入りの中国製粉ミルクを飲んだ乳幼児が腎臓結石になるという事件も頻発していた。

そうした状況の二〇〇八年五月に実施された胡錦濤国家主席の訪日は、「暖春の旅」と称されたが、空気は厳しいものがあった。天皇との晩餐会では、一〇年前の江沢民主席の硬い訪日を十分意識してだろう、歴史についてはふれず、一九九二年の天皇訪中が「中日関係史の美談」だと評価した。

この訪日では、一九七二年の日中共同声明、一九七八年の平和友好条約、一九九八年の日中共同宣言に続く「第四の文書」として「戦略的互恵関係の包括的推進に関する日中共同声明」が出された。中国は日本の戦後の平和発展をたたえ、戦略的互恵関係については、①首脳の相互訪問、安全保障対話、②人的・文化的交流の促進、③エネルギー、食品の安全、東シナ海資源開発などでの協力、④六カ国協議などの東アジア地域協力、などの柱で関係を構築することを約した。

東シナ海資源共同開発についての合意

温家宝、胡錦濤の来日ともに、中国からの柔らかいアプローチが目立った。胡錦濤来日の翌月六月に東シナ海の資源共同開発についての日中合意が発表された。この合意からは対日関係をなんとか安定的、協調的なものにしたいという温家宝・胡錦濤政権の強い意思を感ずる。

共同開発についての協議(中国の呼称は中日東海問題磋商)は二〇〇四年一〇月からスタート、日本は外務省アジア大洋州局の佐々江局長、中国は外交部海洋局の胡正躍局長が担当した。〇七年一二月までの一一回の協議を経て〇八年六月一八日になって突然「東シナ海における日中間の協力について」という共同プレス・コミュニケが発表されたのである。

合意の中身は、日本が主張する排他的経済水域の日中中間線を跨ぐ形で、①北部のガス田あすなろ(中国名・龍井)の周辺を共同開発する、②中国が開発に入っている白樺(中国名・春暁)に、日本の会社が出資し、権益は出資額に応じて配分する、③中間線付近のガス田の共同開発については継続協議、と発表された。合意した区域は合計二七〇〇平方キロにのぼるという(合意文書は、霞山会編・二〇〇八)。

本合意は、「境界画定が実現するまでの過渡的期間に、双方の法的立場を損なわないことを前提にした政治的合意」(高村外相の言)と評されるが、基本的に「等距離中間線」の立場で、日本にとっては受け入れられるものだった。他方、中国では発表されるや、ウェブサイトなどに

「売国条約への第一歩」、「中国外交部は人民を馬鹿にするな」などの書き込みが満ち、外務次官・武大偉が「双方の主権を棚上げにし、二国間の協定にもとづき開発する」のが共同開発で、日本に譲歩していない、と釈明して回った(中国研究所編・二〇〇九)。

本合意で中国は国際標準のルールにのっとって交渉や協力を進めることに合意したと考えられるが、その後中国側は協議の継続に不熱心になった。二つの事情があるという。第一に、中国で資源関連企業などの利益集団が反発していること、第二に二〇〇八年一二月に中国海監総隊が尖閣付近の日本領海を徘徊する「妨害行為」をしたように、国内で強硬派が動いている、などである(阿南友亮・二〇一二)。いずれにせよ、二〇一〇年九月、尖閣諸島周辺海域で中国漁船が日本の海上保安庁の巡視船と衝突する事件で、二〇〇八年合意は吹っ飛んでしまった。以後、日中関係は新しいフェイズを迎える。だが、合意がつぶれたことより、むずかしい合意が二〇〇八年になぜ実現したのか、誰が動いたのか、を解いた方が意味があるように思う。

2　始まった関係の制度化

首脳往来がようやく正常に戻るのと時を同じくして、さまざまなレベルの対話や協議メカニズムが動きはじめた。二〇〇五年までの日中関係は非制度的でリーダーの個人的関係や性向に依存することが多く、とても脆弱だった。「制度化」の動きは大きな変化と言ってよい。二〇〇五年の大規模な反日デモが日本・中国の双方になんとかして関係を安定化、制度化する必要性を痛感させたのだろう。

主な対話・協議のメカニズムは、①外務次官レベルの総合政策対話(中日戦略対話)、②経済関連の全閣僚が集まる経済ハイレベル対話、③当面のイシューである東シナ海問題をもっぱら協議する外務省局長級レベルの東シナ海問題協議(「東海問題磋商」)、④海上での不測の事態を回避するための防衛局長級協議(日中防衛局長海上連絡メカニズム協議作業組)、⑤軍事力と軍事戦略の透明化、信頼醸成を目標とする防衛次官級協議(「防務安全磋商」)、⑥不測の事態に備えるため二〇一二年にスタートさせた高級事務レベル海洋協議、などである。対話について正しい情報が少ないので、以下重要チャネルを紹介しておきたい。

総合政策対話(中日戦略対話)

ポスト小泉期でもっとも重要な日中間の定期チャネルは、外務次官レベルの日中総合政策対話である。反日デモの直前二〇〇五年二月に中国側が外交ルートを通じて、東アジアの安全保障体制の確立に向けて、台湾や北朝鮮などについても協議したいと提案してきた。日本側は当初、「戦略」という言葉にこだわり、慎重に対応した。

中国は米国に対してはすでに二〇〇四年一一月のAPEC首脳会議で、外務次官レベル「戦略対話」を提起していた。中国を「戦略的ライバル」とみなしていた米国ブッシュJr.政権は、この中国側提案に当初は警戒的だったが、二〇〇五年三月ライス国務長官が訪中、第一回対話をもつことになった。日本の場合は「総合政策対話」として受け入れることになった。なお米中間の次官級「戦略経済対話」が正式にスタートするのは二〇〇六年一二月、以後二〇一六年六月まで、ブッシュ時期五回、オバマ時期八回、合計一三回開かれている。第五回米中戦略対話では双方の国防次官が初めて協議に加わった。日中間の総合政策対話と経済ハイレベル対話を合わせたものと考えてよい。また米中間では戦略安全対話も二〇一一年から毎年定期化され、二〇一六年六月まで六回開催している。ほとんど、戦略経済対話の前後に開いている(米中対話メカニズムについては第六章参照)。

さて日中総合政策対話は小泉政権末期の二〇〇五年五月にスタートし、これまで**表1**のように開かれてきた。だが、二〇一二年の第一三回以来、閉ざされたままである。

二〇〇八年二月の第八回対話では、日本側も「日中戦略対話」という呼称を使い始めたが、主テーマは、胡錦濤国家主席訪日の準備、中国側が提案している日中関係の第四文書作成問題、東シナ海ガス田開発問題、そして一月末に表面化した中国製ギョウザ中毒事件などだったという。だが、「東シナ海ガス田開発問題を集中的に協議したが、この対話では合意に至らなかった」と言われる(『チャイナ・ウォッチ』二〇〇八年二月二五日)。

表1　日中総合政策対話

	開催時期	出席者(外務次官)
第1回	2005年5月	谷内正太郎，戴秉国
第2回	2005年6月	同
第3回	2005年10月	同
第4回	2006年2月	同
第5回	2006年6月	同
第6回	2006年9月	同
第7回	2007年1月	同
第8回	2008年2月	藪中三十二，王毅
第9回	2009年1月	藪中三十二，王光亜
第10回	2009年6月	同
第11回	2011年2月	同
第12回	2011年12月	同
第13回	2012年6月	佐々江賢一郎，張志軍

注：別呼称は「日中戦略対話」

二〇〇六年一〇月に安倍首相が訪中するまで、この次官級戦略対話がほぼ唯一のチャネルとして重要な役割を果たした。また、首脳・外相レベルの往来が再開しても、「この戦略対話は中日両国の対話と協力メカニズム構築のうえで重要なファクターである。対話と協力の制度化(機制化)の推進が今後の全般的方向だ」という楊伯江(現代国際関係研究院・当時)の指摘にあるように(新華社ネット・二〇〇八年二月二二日)、本チャネルは、日中間の政治・安全保障・経済などすべての問題を協議する大事なチャネルのようである。

ところで、中国は一九九六年ロシアと「戦略協力パートナーシップ」関係を樹立した。一九九七〜九八年戦略対話（軍隊間ハイレベル——戦略安全磋商、政治外交——戦略穏定磋商）がスタートした。対米国・ロシアとの交渉を見ていると、「戦略」は利益の一致を必ずしも前提とはせず、含意するところは長期性、全面性、グローバル性のようである。

ちなみに米中戦略対話がスタートしたとき、ある中国の論者（龐中英）は、米国の対中戦略に不安定性が強く、台湾問題など敏感なイシューを抱えている対米関係では、政策決定者レベルでの意思の疎通・戦略対話によって「誤った政策判断を少なくさせる」ことができる、と論じている（新浪ネット・二〇〇五年八月一日）。

経済ハイレベル対話

二〇〇七年四月の温家宝首相訪日に合わせて閣僚レベルの経済対話がスタートし、一一月の東アジアサミット（シンガポール）の際の福田・温家宝会談で設置が確認された。二〇〇二年一〇月から動いていた日中経済パートナーシップ協議を発展させたものである。マクロ経済調整、環境保護協力、貿易投資協力、地域と国際経済問題の四つをテーマにし、出席者は、日本側が外相、財務相、経済産業相、経済財政担当相、環境相、農林水産相、中国側が外交部長、発展改革委員会主任、財政部長、農業部長、商務部副部長、環境総局局長、など。文字どおり、経済にかんするハイレベル閣僚協議である。

二〇〇七年一二月一日に第一回が開かれ、中国は対中資金協力など日本のこれまでの支援を高く評価、日本も中国経済の発展が日本経済の発展を促すと評価、中国は日本のバブル経済の経験と教訓を学びたい、などをもりこんだ「プレス・コミュニケ」が発表された。

だが二〇一一年から、尖閣諸島での漁船衝突などをきっかけに関係が急速に悪化、この経済対話ですら閉ざされてしまった。ようやく二〇一五年六月に経済パートナーシップ対話が復活してきた。

東シナ海問題協議(中日東海問題磋商)

東シナ海の境界画定、共同開発についての意見交換、東シナ海問題の平和解決をめざす、外務省アジア大洋州局長レベルの対話メカニズムである。二〇〇四年一〇月に始まり、二〇〇八年六月ガス田共同開発の合意成立まで計一一回開かれた。

なお、二〇〇六年一二月のセブでの日中外相会談(麻生太郎・李肇星)で、東シナ海ガス田開発については、専門家による会合を新設し、危機管理など三分野の分科会で共同開発の道を探ることになったという(日本経済新聞二〇〇六年一二月九日夕刊)。また、翌〇七年一二月の福田・温家宝会談で、局長から次官へとレベルアップすることが合意されている。

なおこの問題は、次官級の日中戦略対話での協議に回され、二〇〇八年二月の第一一回戦略対話の主要議題はガス田開発問題だった。だが、二〇〇八年五月の胡錦濤国家主席訪日の際にも共同開発の海域をめぐって合意に至らなかったが、二〇〇八年六月、合意文書が発表された。

防衛次官レベル協議(中日防務安全磋商)

日中の防衛対話は一九九七年の防衛次官レベル協議(「中日防務安全磋商」)から始まった。次官レベル協議以外に国防部長(防衛庁長官・防衛相)の相互訪問のチャネルもある。

このほかにも防衛責任者の相互訪問が一九八四年から始まっている。だが、一九九〇年代後半からの日米同盟の「再定義」問題、台湾海峡をめぐる緊張、「新ガイドライン」(一九九八年)、あるいは小泉首相の靖国神社参拝などで、九八年に遅浩田国防相・久間防衛庁長官の相互往来があっただけで、順調ではない。二〇〇七年になってようやく、九年ぶりの国防相の訪日(曹剛川・中央軍事委員会副主席、八月)、中国海軍艦艇の日本寄港(一二月)が実現した。曹国防相訪日時の共同プレス・コミュニケでは、総参謀長・統合参謀長レベルの往来や次官レベル協議を進めること、日中間に防衛部門海上連絡メカニズムを設けるなどの危機管理措置が示されている（中新ネット・二〇〇七年八月三〇日）。しかしその後、二〇〇九年三月浜田防衛相の訪中（梁光烈国防相との会談）、二〇〇九年一一月梁光烈国防相の来日（北沢防衛相と会談）、二〇一〇年一〇月ハノイでの両国防衛相の接触（北沢・梁光烈）、などがあるだけで、二〇一一年からは防衛首脳の往来は止まっていたが、二〇一五年一一月防衛相会談（中谷・常万全）が開かれ、このチャネルが四年五カ月ぶりに回復した。

歴史共同研究委員会など

小泉時代に揺れ続けた日中歴史認識問題については、二〇〇六年一〇月の安倍訪中をへて、一二月のＡＰＥＣ会議の際の日中外相会談（麻生太郎・李肇星）で、「歴史を直視し、未来に向かうとの精神にもとづいて、日中歴史共同研究を実施する」ことで一致した。「二〇〇〇年来の交流の歴史、近代の不幸な歴史、戦後の関係発展に関する歴史についての共同研究」が行われることになった。日本側が日本国際問題研究所、中国側が社会科学院近代史研究所、が窓口となって、委員会が二〇〇六年一二月からスタートした。日本側代表は北岡伸一東京大学教授、中国側代表は歩平・近代史研究所所長がつとめる。第一回が二〇〇六年一二月、第二回が二〇〇七年三月、第三回が二〇〇八年一月、第四回が二〇〇九年一二月に開かれ、共同研究は区切りを迎えた。二〇一〇年一月に報告書が発表された。第一巻古代・中近世史篇、第二巻近現代史篇の二冊でいずれも歩平・北岡伸一編である(勉誠出版、二〇一四年)。合計五五〇頁の共同研究の成果と銘打っているが、それぞれの筆者がそれぞれに自己の見解を自由に述べており、集約に成功せず、二〇〇五年以来の最悪の日中政治関係を反映することになった。中国側の要求で非公表になった戦後・現代史部分の取り扱いは今後の課題に残された。また北岡・歩平両座長は二〇〇九年一二月終了に当たって「まだまだ多くの問題を引き続き研究する必要がある」と第二期の研究継続に意欲を示したが、その後の歩みは順調とは言えない。

その他、両国間には次のようなチャネルが設けられている。

＊日中執政党交流メカニズム(自民党・公明党と中国共産党。二〇〇四年二月スタート)

＊中国共産党・民主党定期交流メカニズム(二〇〇六年七月スタート)

＊日中議員会議(参議院と全国人民代表大会。二〇〇七年三月スタート)

第五章　日中衝突
――領土・領海をめぐるパワー・ゲーム

1　領土・領海問題の位置

新しいイシュー

二〇一二年、国交正常化四〇年の記念すべき年に、尖閣（釣魚島）諸島をめぐる「固有の領土」紛争で、日中関係は危険な水域に入った。本章では、日中関係に悪い新段階を画してしまった尖閣諸島をめぐる領土紛争、衝突（二〇一〇年、二〇一二年）について、現段階での分析と評価をしておきたい。

一九七二年九月二九日、五日間の交渉で日中は国交を正常化した。それから四五年、両国関係は成熟しただろうか。遺憾ながら、成熟するどころか、二〇〇五年の反日デモ、二〇一〇年の尖閣諸島沖合での衝突、二〇一二年の日本による尖閣諸島「国有化」がひきがねとなった中国の強烈な反日デモと反日外交など、国家間関係は悪化の一途を辿った。このような不安定な関係は、正常化以来の関係の構造的脆さに加えて、昨今の両国間の力関係の激変、領土・領海をめぐる赤裸々な利害衝突が直接の原因だ。七二年以降の日中関係は、制度に欠け、人的関係に依存し、条理より情に左右される、脆弱な関係であり続けた。そして、両者間には、古くからのイシューに加えて、尖閣諸島(釣魚島)や東シナ海(東海)をめぐる新イシュー、つまり日中間のパワー争奪も加わってきた。

まず、尖閣諸島問題の歴史的経過に最小限触れておこう。日本の明治政権が日本・清国に二重朝貢していた琉球王国を沖縄県として統合したのは一八七九年(琉球処分)、一八八五年には沖縄県が尖閣諸島に国標を立てようと政府にお伺いを立てたが、外務卿井上馨は「清国にいらざる疑念を抱かせてはならない」と却下、結局、一八九五年一月、日清戦争の帰趨が決まりかけたころ、国標建立を認める閣議決定を行った。尖閣取得と台湾割譲とは違うコンテキストでの動きにもかかわらず、今日の中国は台湾割譲の一部として尖閣「窃取」があったと非難するわけだから、国標設置をしなかった明治政府の意思決定の遅れや優柔不断が一〇〇年近く後に大きな禍根を残したと言える。

その後一八九六年に商人・古賀辰四郎が政府から魚釣島など四島の無償貸与を受けた。羽毛の採取や鰹節工場の経営で一時は二〇〇人近くが島に居住したという。一九三二年には息子の古賀善次が政府から有償払い下げを受けたが、一九四〇年、戦時体制下の燃料不足で鰹節工場を閉鎖、島は無人になる。戦後、日米協定で一九七二年に沖縄の施政権が日本に返還されると、尖閣諸島の領有権は別人の手にわたった。

周知のように、尖閣が領有権をめぐる国際イシューになるのは一九六八年八月国連アジア極東経済委員会（ＥＣＡＦＥ）の調査団が、尖閣の周辺海域に石油埋蔵資源が豊富だとの報告書を出して以来である。一九七〇年七月に台湾で石油開発の動きが出てくると八月、琉球立法院は、「尖閣諸島は石垣市登野城の行政区域に属しており、同島の領有権については疑問の余地はない」との決議を採択した。対して七一年六月には台湾外交部が同島領有権を主張する声明を発表、ついで同年一二月三〇日中国外交部が建国以来はじめて領有を主張する声明を発した。

中国の領有権主張と領海法

中国の主張は次のとおりである。

＊尖閣諸島は明・清時代から台湾の付属諸島である。

＊一八九五年一月、つまり日清戦争の帰趨が明らかになった時点で日本が尖閣領有を閣議決定したのは、実質的に日清戦争の結果台湾・澎湖諸島を窃取したのと同じである。

＊釣魚島、黄尾嶼、赤尾嶼、南小島、北小島等島嶼は台湾の付属島嶼であり、台湾と同様、ずっと昔から中国領土の不可分の一部である（一九七一年一二月三〇日「関于釣魚島所有権問題中華人民共和国外交部声明」）。

この間のプロセスから何が言えるだろうか。一九七一年まで中国・台湾が領有主張をしていないこと、カイロ宣言には、台湾・澎湖諸島の返還は明記してあっても、沖縄については何も記載がないこと、一九五二年八月のサンフランシスコ条約についての周恩来声明でも、尖閣については一切触れていないこと、一九五〇年代以来、中国は沖縄住民の米軍政への抵抗や日本復帰運動を支持してきたこと、台湾も、サンフランシスコ講和条約を追認する形で日華平和条約を結んだこと、などから、中国の「ずっと昔からの領有権」という主張は説得力を欠く。

日中はともに「固有の領土」として譲らない。日本は加えて、日中間には領土紛争はない、棚上げの事実もない、としている。他方中国は、尖閣諸島問題は一九七二年の日中正常化交渉、および一九七八年の平和条約批准時の日中対話の際に「棚上げ」され、共同開発の協議で合意されている、とする。七二年交渉でも、七八年交渉でも中国側が棚上げ提起をした記録は残っており、それを聞き置いたことを「外交交渉」、「合意」と見るかどうかにかかっている。この問題では日本側の説得力が弱い。

二〇一〇年の衝突を論ずる前に中国による「領海法」制定に触れておくべきだろう。九二年二月二五日全国人民代表大会は「領海および接続水域法」を採択した。二つの点が注目される。同法第二条は次のようにいう。

「中国の領土は、中華人民共和国大陸およびその沿海島嶼――台湾および釣魚島を含む付属各島、澎湖諸島、東沙、西沙、中沙、南沙諸島、および中華人民共和国に属する一切の島嶼である」

尖閣の名を入れて法で画定、海外にもその意思を表明したのである。

もう一つは同法作成時に議論が白熱し、外交部などの穏健派の意向に逆らって、軍部、一部地方の強硬派の主張が採用されたらしいのである。尖閣を領海法に明記することを主張したのは、中央軍事委員会法制局、総参謀部辦公庁、海軍司令部、広州軍区、国家測量製図局、上海（一部）、天津（一部）、山西、海南で、外交部は、「当面の国際情勢および中日関係のなかで、われわれは一面で領土主権を防衛しなければならないとともに、もう一面では外交上の摩擦をできるだけ避けなければならない」と主張したが、軍部などに屈伏したという（西倉一喜・一九九四。西倉は一九九二年二月一八日の全人代常務委員会辦公室秘書局発行の内部文書を手に入れ、右の機密を明らかにした)。

二〇一二年の日本の尖閣諸島「国有化」は「現状の重大な変更」として中国が強く反発して日中衝突に行き着いたが、思えば、九二年の領海法は中国側の「現状の重大な変更」である。当時、日本はなぜか強い反対行動をとらなかった。この年秋の天皇訪中を控えて敏感になっていたのかもしれない。

2 二〇一〇年漁船・巡視船の衝突

民主党政権のスタート

二〇一〇年九月、尖閣諸島海域に中国漁船が入り込み、それを日本の巡視船が拿捕、勾留したことで関係は一気に緊張した。これまで、同種のことが起きたとき、日本側はすぐに強制送還するという措置をとっていたが、政権についたばかりの民主党の菅直人政権は、拿捕、勾留、日本の法律による処罰という方法を選んだ。中国側は強く反発した。

ところがこの衝突事件までは、中国側は日本との対話のチャネルを動かそうと努力をしている。新しい民主党政権に期待したのだろう。次のようなチャネルが動いていた。

*二〇一〇年一月一七日　岡田克也・楊潔篪日中外相会談。東シナ海日中中間線付近の白樺でのガス生産について協議。

*四月一二日　鳩山由紀夫・胡錦濤首脳会談。東アジア共同体、ガス田開発について協議。

*五月四日　外務省局長級会談（斎木昭隆アジア大洋州局長・寧賦魁国境海洋事務局長）と初の局長級協議。ガス田交渉。

*六月二七日　菅直人・胡錦濤首脳会談（トロントG20会議）。戦略的互恵関係で一致。東シナ海ガス田でも条約交渉締結に向け双方が努力することを確認、日中防衛当局間協議開催でも日中が一致。

だが細々としたチャネルは、九月の漁船衝突で断ち切れてしまった。なお、日本の民主党政権は、鳩山由紀夫内閣（二〇〇九年九月～一〇年六月）、菅直人内閣（二〇一〇年六月～一一年九月）、野田佳彦内閣（二〇一一年九月～一二年一二月）と目まぐるしく変わった。

二〇一〇年衝突事件の経過

尖閣海域での中国漁船と日本の海上保安庁巡視船の衝突経過は次のとおりである。

＊九月七日　尖閣諸島周辺の日本領海内で海上保安庁巡視船と中国漁船が接触事故。七日夜双方が抗議。斎木アジア大洋州局長は、程永華大使に電話で抗議。
＊九月八日　海上保安庁が公務執行妨害の疑いで船長らを逮捕。
＊九月一一日　中国は東シナ海ガス田の条約締結交渉の延期を発表。
＊九月一二日　戴秉国・国務委員、丹羽大使に、乗組員釈放と漁船の即時送還を要求。
＊九月一三日　船長を除く乗組員一四人はチャーター機で帰国。
＊九月一八日　北京・上海などで対日抗議デモ。その後当局が押さえ込む。
＊九月一九日　船長を一〇日間勾留延長すると、中国側は、①閣僚級以上の交流停止、②航空機増便交渉の停止、③石炭関係会議の延期、などの「強烈な対抗措置」(外交部の言)をとる、と表明。
＊九月二四日　船長は那覇地検により釈放、翌日福州に帰着。
＊九月二五日　中国外交部、日本に謝罪と賠償を要求。
一〇月には各地に反日デモが広がったが(一〇月一六日、成都、西安、鄭州などで計一万人、一部が暴徒化した。一〇月二三、二四日、四川省など内陸部の諸都市で反日デモ、一〇月二六日、重慶で数千人規模の反日デモ)、一〇月二六日、外交部報道局長が「日本側の誤った言動に憤慨するのは

理解できるが、非理性的な違法行為には賛成しない」と述べたように、中国当局は事態収拾に動いた。

なお衝突後、トップリーダー間で次の接触があったが、中身はなかった。

＊一〇月五日　温家宝・菅首相アジア欧州会議（ブリュッセル）で廊下会談。尖閣問題以後の日中関係を双方は懸念。ハイレベル協議を開催することで合意、戦略的互恵関係、民間交流から、などで合意。

＊一〇月三〇日　東アジアサミット（ハノイ）で温家宝・菅首相が一〇分間非公式会談。

＊一一月一三日　アジア太平洋経済協力会議（横浜）で菅首相・胡錦濤主席が二二分間の会談。戦略的互恵関係の構築が重要とだけ確認。

3　尖閣諸島「国有化」をめぐる衝突

国有化と反日デモ

二〇一二年九月の反日暴動は、四月一六日石原慎太郎知事がヘリテージ財団（ワシントン）の講演で、東京都が尖閣諸島を地権者から購入すると表明したのがきっかけになった。石原知事の動きを危ぶんだ野田佳彦首相は七月七日東京都に国有化方針を伝達、翌日にはそれを公表し、地権者との契約交渉に入った。八月二七日には、丹羽宇一郎駐中国大使の公用車がつけていた国旗がデモ隊に奪われるという事件が起こった。

この紛争の特徴の第一は外交的にも世論でも中国が強烈に反発し、深刻な衝突に至ったことである。政府は国有化の動きを加速した。地権者から二〇億五〇〇〇万円で購入、九月一一日には国有化を閣議決定し、売買契約を完了した。中国が強く反発したのは、国有化には断固反対するという胡錦濤主席の強い意思表示(九月九日APEC会合(ウラジオストク)での立ち話)にもかかわらず、二日後の一一日、日本政府が国有化を正式決定したからだという。国家主席のメンツがつぶされたからである。

すでに八月一九日から国有化に反発する反日デモが起こっていたが、閣議決定があった九月一一日から大規模で暴力的になり、全国に広がった。九月一五日には日系企業や日系スーパー多数が襲われた。とくに湖南省長沙市のデパート平和堂では、一階から四階のほとんどが破壊された。デモは九月一八日(一九三一年、日本の満州侵略を開いた柳条湖事変の記念日)にはなんとかおさまった。当局がコントロールしたのである。

なお、国有化が現状の変更に当たる、中国の主権を侵犯する行為だと中国は反発するが、野田政権のこの措置は石原都知事のもとでは不測の事態が起こると懸念、国のコントロール下におこうとしたのだろう。だが、中国には通じない事情だった。

次の特徴は双方の激しい外交的応酬である。とくに中国政府は、国際社会に向けて激しい宣伝工作を展開、国連総会では楊潔篪外相が九月二七日、日本が日清戦争の際に尖閣諸島を盗んだ、と七回も表明、強盗の論理だと日本を激しく批判した。名指しせずに「国際法に従い解決する」とした野田首相演説とは対照的だった。

二〇一二年衝突の特徴

二〇一二年の衝突は、二〇〇五年とは様相がかなり異なる。

第一が、対立の局面が、二〇〇五年はもっぱら歴史問題だったのに対して、二〇一二年は、領土・領海という具体的利益から発して、パワーの争い、歴史問題まで、全面的に拡大してしまったことである。第一レベル（歴史や価値の問題）、第二レベル（地域のパワーをめぐる問題）、第三レベル（領土や資源など具体的利益をめぐる問題）に分かれていた紛争が、二〇一二年にトータルなものへと変わってしまったのである。

とくに、反日デモをコントロールしたあとも、中国側は激しい外交非難を続け、日中国交正常化四〇周年の文化・経済の交流行事をほとんどキャンセルしてしまったことは、関係が国民レベルまで断たれたことを意味し、マイナスのインパクトは大きい。

第二に、今回は、とくに中国側に、大衆的ナショナリズム、ポピュリズムの傾向が濃厚である。インターネットの影響もあろうが、全国的にこれだけの大衆が動いたことに驚嘆するばかりである。中国社会の唯一のアイデンティティは反日にあること、反日が強硬であればあるほど大衆は政権を支持すること、この二つを今回の反日暴動は示した。

中国の粗暴な反日ナショナリズムは、日本における対抗ナショナリズムを呼び起こす。対抗ナショナリズムは日本の武装化、日米軍事同盟強化の方向と結びついている。日本の戦争犯罪を糾弾する中国人の反日行為自体が、日本の軍事化、東アジアの軍事的緊張を生むというのは歴史的皮肉だろう(本章第5節参照)。

第三に、中国も日本も権力の空白、統治の衰退が生じているなかで事件は起こった。日本では二〇〇九年に民主党政権が国民の期待のもとでスタートしたが、鳩山政権、菅政権、野田政権ともにあらゆる面で期待を裏切った。官邸の決定能力、交渉能力、官僚を動かす能力ともに失策を重ねた。とくに二〇一〇年から政府の対中外交や国有化措置が慎重さを欠き、漁船衝突事件の処理も「国有化」の決定もタイミングが最悪で(いずれも日中戦争の歴史的記念日前後だった）、国民に対しても、国際社会に対しても、尖閣諸島問題についての歴史的経緯の広報などが不十分だったことなど、リーダーシップ不足、外交の機能不全が紛争を大きくした。六月七日に丹羽宇一郎大使がフィナンシャル・タイムズのインタヴューで、「都知事が言うようなことをやろうとすれば、日中関係は重大な危機に遭遇する」と明言し、年末に更迭されるが、日本外交の混乱を見せつけた。

他方、一八回党大会を前にした中国の政情不安も深刻だった。四月の薄熙来（中共中央政治局委員）解任事件は、薄のスキャンダルだけが原因ではない。根源には、指導部内の激しい権力闘争がある。第五世代になって中共の統治力は衰え、正統性も磨滅してきている。反日だけがアイデンティティになる、という構造の由来がここにある。

4　日中の主張の対比

ところで、両国とも尖閣諸島（中国名釣魚島）は固有の領土だ、と主張しているが、双方の言い分をごく簡単に整理しておこう。

日本の公式ライン

①日本は尖閣諸島を、一八八五年以来、沖縄県を通ずるなどの方法で、何回も現地調査をしたうえで、一八九五年一月に標識設置などの閣議決定をし正式に日本の領土に編入した。

②尖閣諸島は、一八九五年五月発効の日清戦争の戦後処理——下関条約で日本に割譲された台湾、澎湖諸島には含まれていない。

③第二次世界大戦後サンフランシスコ条約で日本が放棄した領土には含まれていない。同条約第三条で米国の施政権下に入り、一九七一年六月、日米の沖縄返還協定で正式に日本の施政権下に入った。以後、日本の実効支配下にある。

④中国は一貫して尖閣諸島についての領土要求をしてこなかった。自分の領土だと主張し始めたのは、一九七一年六月の台湾に続く一九七一年一二月のことである。

⑤日中間に領土問題はない。

⑥したがって、一九七二年、七八年に、中国側が、尖閣問題は議論しない(一九七二年周恩来首相・田中角栄首相)、あるいは棚上げ、共同開発(七八年鄧小平。記者会見)を提起したと聞いてはいるが、棚上げにするという合意はない。

日本側の問題を二つ指摘しておこう。一つは、「日中間に領土問題はない」という原理から抜け出せないために、対中交渉どころか、「棚上げ」、「共同開発」などを議論するわけにはいかない。自家撞着に陥っている。

ところで、日本が、棚上げはない、日中に領土問題はない、と言い出したのはそれほど前のことではない。一九九六年頃には中江要介元駐中国大使が「合意はなかった」という発言をしたと伝えられる。一九九六年八月には池田行彦外相が「中国との間に領有権問題は存在しない」と述べたと言われるので、この頃以降のことと思われる（孫崎享・二〇一四）。

実際はどうか。棚上げ論について、一九七九年五月三一日の読売新聞社説「尖閣問題を紛争のタネにするな」は一見の価値がある。社説を読むと、今の日本側主張の根拠は弱い。社説は次のようにいう。

＊日本の開発調査に対して中国が口頭で遺憾の意を表明、善処を求めてきた。「事をあら立てまいとする中国の姿勢がうかがわれるが、わが国としてもこの問題を日中の〝紛争のタネ〟に発展させないよう慎重な対処が必要だろう」。

＊尖閣領有問題は一九七二年も「触れないでおこう方式」で処理した。

＊「日中双方とも領土主権を主張し、現実に論争が〝存在〟することを認めながら、この

問題を留保し、将来の解決に待つことで日中政府間の了解がついた。それは共同声明や条約上の文書にはなっていないが、政府対政府のれっきとした〝約束ごと〟であることは間違いない。約束した以上は、これを順守するのが筋道である」。鄧小平は「後の世代の知恵にゆだねよう」と言った。「日本としても、領有権はあくまでも主張しながら、時間をかけてじっくり中国側の理解と承認を求めて行く姿勢が必要」である。

＊園田外相は「中国が黙っているのは友情であり、わが国は刺激的、宣伝的な行動は慎むべきだ」と言うが、「それが日中間の了解事項に沿う素直な姿勢だと思う」。

つまり日本、少なくとも読売新聞はいま、この立場から変心したのである。

中国の公式ライン

台湾（中華民国）と中華人民共和国が釣魚島の領有権を正式に主張するのは、一九七〇年後半～七一年のことである。一八九五年から一九七〇年まで、中国は一度も、尖閣諸島の領有権を主張したり、日本の領有に抗議したりしてはいない。一九五三年一月八日『人民日報』が、尖閣諸島を琉球諸島の一つと見なして、「琉球人民の反米闘争を支持する」という評論記事を載せたことはよく知られている。だが、一九七一年に「固有の領土」だとの主張を提起、その後一九九二年二月の領海法で「中国の領土は、中華人民共和国大陸およびその沿海島嶼——台湾および釣魚島を含む付属各島、澎湖諸島、東沙、西沙、中沙、南沙諸島、および中華人民共和国に属する一切の島嶼」として尖閣諸島を初めて法律上中国領土に組み込んだ。

二〇一二年夏日本の国有化方針が公になると、中国は対日強硬姿勢を強めた。九月二五日「釣魚島白書」は、中国の強硬で原理的な主張を強烈に主張する。

①釣魚島は一四世紀、中国がもっとも早く発見し、命名したもので、以後長らく管轄し、一七九七年の地図以来中国領と明記している、中国固有の領土である。

②日本は一八九五年日清戦争に乗じて台湾、澎湖諸島などとともに釣魚島を「窃取」した。

③一九四三年カイロ宣言は「日本が窃取した中国の領土」の中国への返還を指示したが、日本はそれに違反し、返すべき釣魚島を返していない。

④一九五一年、一九七一年の米日交渉、沖縄交渉の際の日米間の釣魚島接受は不法で無効である。

⑤よって、日本の主張はまったく根拠がなく、「カイロ宣言などで確立された国際秩序に対する挑戦、国際法の義務に甚だしく背くもの」だ。

⑥国交正常化時、平和条約時、両国リーダーは「釣魚島問題を棚上げし、将来の解決にゆ

だねる」との了解に達した。それに反する「国有化」措置は、中国の主権に対する重大な侵犯であり、「世界反ファシズム戦争の勝利の成果に対する否定と挑戦である」(「釣魚島是中国的固有領土」白書二〇一二年九月二五日)。

国家利益をめぐって

なぜ、この白書はこれほど強硬で原理的なのか。二つの理由がある。

第一に、一九九〇年代以来の国家利益絶対の国際政治観である。中国が国家利益を正面から肯定するのは天安門事件直後からだが、九六年の閻学通(清華大学)の『中国国家利益分析』は衝撃的である。彼は次のようにいう。

＊国家利益に階級性はない。
＊国際利益と国家利益は共存できる。
＊国家利益は変化し、発展する。
＊渉外経済利益は経済活動の拡大につれ拡張する。

この徹底したリアリズムを敷衍すれば、中国が経済規模を拡大し、世界に進出すればするほど守るべき国家利益は拡大する。

その後「核心的利益」論が登場した。

二〇一一年九月「平和発展白書」では「核心的利益」をはっきり定義している。それは、国家の主権、国家の安全、領土の保全、国家の統一、中国の憲法が確立した国家の政治制度と社会全体の安定、経済・社会の持続的な発展の基本保障、という六つである（国家利益については第九章参照）。

こうして、中国の大国化と中国外交の強硬化とは同時並行的に進んでいる。二〇〇五年の反日と二〇一二年のそれには本質的な違いがある。

「釣魚島白書」があれほど原理的である第二の理由は、軍部もしくは保守系軍人の政治的台頭が推測される。第九章で見るように九〇年代末から中国外交に顕著な変化が見られる。外交部の影響力が減少し、代わりに、国有企業、金融資本、石油資本、経済官庁、地方政府、ネット市民など、多くの「新たな関与者」が出てきた。ストックホルム国際平和研究所（ＳＩＰＲＩ）の報告などから、対外政策決定について次のような状況が指摘できる。

＊対外政策決定の権限が細分化され、外交部はその一端を担っているにすぎない。

＊解放軍や個々の将校が公開の議論に自由に登場するようになった。

＊軍人の背後に、個別の国有大企業や石油資本などがいる。政策決定は、軍の政治介入と

いうより、「断片化された権威主義」の状況にある。

＊新関与者の間では、より積極的に国益を追求すべきだとする見解が優勢である。羅援（少将、軍事科学学会副秘書長）という自ら「理性的タカ派」と称する軍人は、「今は自重し時期を待つ」という韜光養晦論を否定し、棚上げや共同開発に代わる「積極的紛争解決」と「中国を主とした共同開発」を主張する。彼は、サンフランシスコ講和条約が合法かどうか、釣魚島が琉球諸島に属するかどうか、琉球諸島は日本のものかどうか、カイロ会議、ポツダム宣言では日本の版図は四国、九州、本州、北海道だけだ、というのが尖閣紛争についての主要論点だという。九月二五日「釣魚島白書」はこうしたハードな軍人に支えられているようである。

中国の抱える困難が二つある。一つは、リーダーシップの弱体化である。薄熙来事件は権力をめぐって中央に大きな亀裂があることを示した。習近平にいくら権力を集中しようが、鄧小平時代のような強いリッダーシップを発揮することはできない。

もう一つは、裸のナショナリズムとポピュリズムの横行である。昨今の反日デモが露呈したのは、中央政府が自然発生的な民族主義の破壊的圧力にさらされて、制御がきわめて難しくなっていることだ。

5　力による対抗へ

交渉はリセットできるか

二〇一二年反日暴動の衝撃は大きい。二〇一四年に中国のリアリスト閻学通が予告したように「新しい対抗関係」に入るのだろうか。

衝突以来、あらたに得られた両国間の合意はわずかに下記四条件である（二〇一四年一一月七日両国外務次官級――谷内国家安全保障局長・楊潔篪国務委員の合意）。

「一　双方は、日中間の四つの基本文書の諸原則と精神を遵守し、日中の戦略的互恵関係を引き続き発展させていくことを確認した。

二　双方は、歴史を直視し、未来に向かうという精神に従い、両国関係に影響する政治的困難を克服することで若干の認識の一致をみた。

三　双方は、尖閣諸島等東シナ海の海域で近年緊張状態が生じていることについて異なる見解を有していると認識し、対話と協議を通じて、情勢の悪化を防ぐとともに、危機管理メカニズムを構築し、不測の事態の発生を回避することで意見の一致をみた。

四　双方は、様々な多国間・二国間のチャネルを活用して、政治・外交・安保対話を徐々に再開し、政治的相互信頼関係の構築に努めることにつき意見の一致をみた」

この合意から、どのような未来が描けるか。まず、交渉の可能性を考えよう。領土をめぐる紛争が交渉のテーブルにのるかどうか、である。楽観的にはなれない。

ただ、中国の場合、外交政策を突然変更するのは珍しくない。「調整」という言葉で政策転換をしばしば行う。「君子は豹変する」のである。中国が第一に追求するのは「利益」である。領土がネックになって、日中経済関係が停頓し、それが国内経済に強いマイナス影響をもたらせば、原理を引っ込めて、実利へと舵を切ることはあり得ることである。

問題は日本である。日本の対中外交に顕著な特徴は一貫性だ。七二年国交正常化交渉で日本の外務当局がもっとも気にかけたのは、台湾を正統中国とする、一九五〇年代からの「虚構」の対中政策との整合性を守り切ることだった。中国外交とはちがって日本は豹変できないのである。

もっと深刻な問題がある。尖閣をめぐる衝突は日本の今後を決めそうである。中国のすさまじい日本批判、暴力的な反日デモで日本の対中イメージは最悪になった。**図5**は二〇一六年、言論NPO東京北京フォーラムの例年の世論調査から好感度と両国関係の重要性認識を取り上

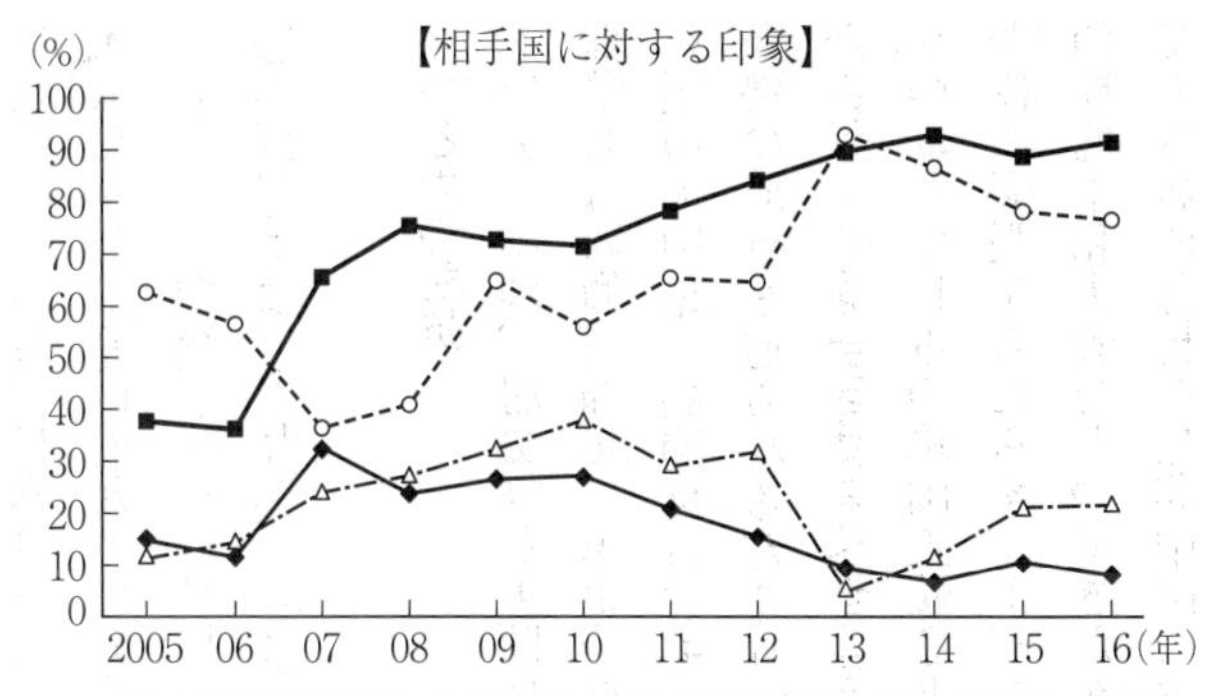

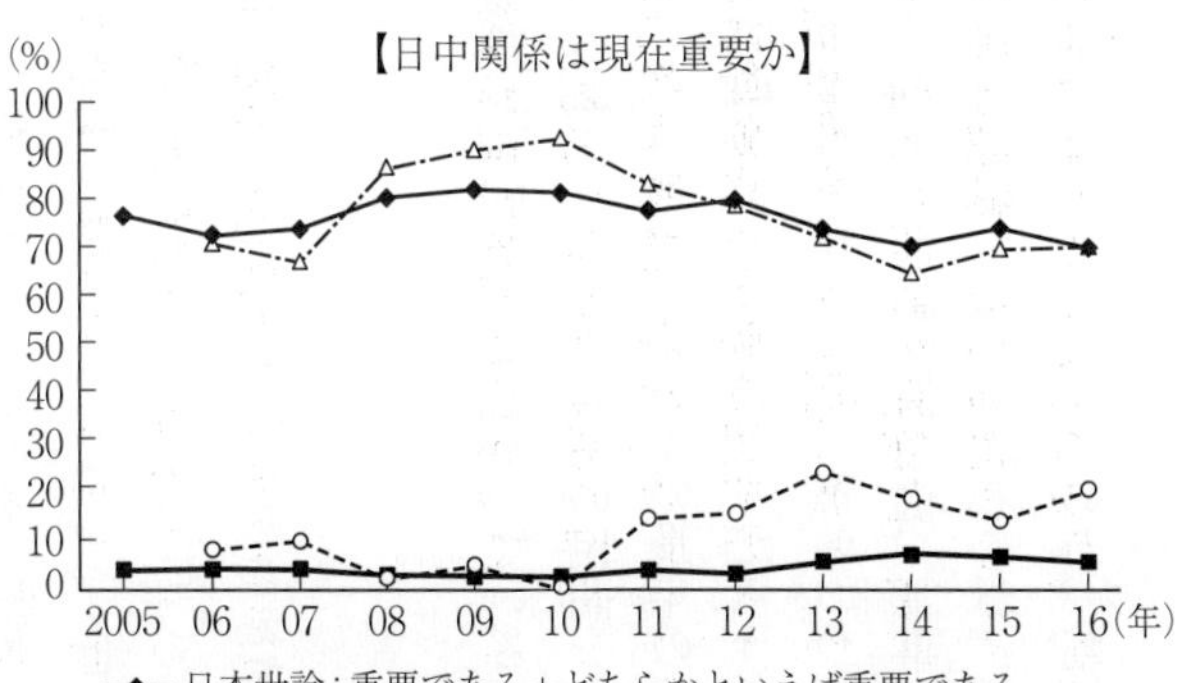

出典：言論 NPO 調査(2016 年 8〜9 月)，日本 1000 人，中国 1587 人を対象に

図 5　日中の世論・好感度・重要度(2005〜2016)

げたものである。日本側一〇〇〇人、中国側一五八七人のデータである。日本側で好感をもつ人は八%(もたない人九一%)とかなり低いが、中国側は好感をもつ人は二一・七%(もたない人七六・七%)である。ただ、互いの関係は大事だと考える人は多く、日本で七〇・六%、中国で七〇・四%となっており、三分の二以上の国民が両国関係を心配していると考えてよい(図**5**参照)。

力と力の対抗

巨大な中国、居丈高な中国に対する嫌悪と脅威感が国民各層に広がっている。政治家の安全保障観は防衛力強化、軍事的準備へと急旋回しつつある。米CIA系の民間シンクタンクは、中国の大国化、尖閣反日デモなどで、「日本は第二次大戦終了時からの長年の消極平和主義の姿勢の放棄を迫られるだろう」(http://www.lignet.com/SpecialPages/)、憲法改定、自力防衛強化へと動き出すだろうと分析しているが、保守化、軍事化が日本を広く覆いつつある。歴史にさかのぼって日本の軍国主義を非難すればするほど、日本の世論の保守化、軍事化が進み、両国関係に緊張をもたらす。なぜこの捩(ねじ)れた構造を中国は認識しないのだろうか。なぜ戦後日本が消極的平和主義をとってきたか、なぜいまそれを棄てようとしているのか、転換期日本についての客観的分析を是非中国に求めたい。

二〇一三年一二月二六日安倍首相が急遽靖国神社を参拝した。米国国務省のハーフ副報道官が、「近隣国との緊張を高めるような行動をとったことに失望している」と異例のコメントをして注目されたが、ウォールストリート・ジャーナル（二〇一三年一二月二七日）は「現職の首相として、二〇〇六年以来初めてとなる安倍首相の靖国参拝は日本の軍国主義復活という幻影を自国の軍事力拡張の口実に使ってきた中国指導部への贈り物だ」と辛辣に論評した。

心配なのは、日中関係の途絶が経済にもたらす深刻なインパクトだ。ただでさえ世界経済はグローバルに問題を抱えて、中国経済も減速期に入ったといわれる。二〇〇六年に経済同友会が小泉首相に靖国参拝を止めて対中関係を改善するよう直接迫ったように、日本の対中経済依存が政治的妥協への圧力になった。あるいは、今回の場合、利に敏い中国が、経済へのマイナスインパクトを抑えようと、外交的イニシアティブをとるだろうか。

懸念されるのは、双方とも力で現状を変える強い意図をもっていることだ。中国では、軍事力が世界第二位の経済大国にそぐわないという議論を軍などが熱心に主張している。中共中央と国務院の「経済建設と国防建設を融合的に発展させることについての意見」（二〇一六年七月）は、なんの衒（てら）いもなく「富国と強軍」を進め海洋強国化戦略を構築しようととてもアクティブだ。

核戦力の拡張も公然と主張される。保守系の『環球時報』は、「中国の核戦力は国連常任理事国五カ国の中でも小さい。経済第二位という地位にふさわしくない。中国の戦略的リスクが大きくなっているのだからそれに見合う核戦力の増強が必要だ」、「中国の核戦力が経済発展レベルに照合しないと国際的な戦略バランスが失調する。大陸間弾道弾・東風41の装備、戦略核潜水艦の配備を急ぐべきだ」とあからさまに言う(『環球時報』社評「中国的軍費和戦略核力量還不够」二〇一六年一二月一四日)。

空軍出身の劉亜洲(国防大学政治委員)は露骨である。「将来、中国に影響する大事件は三つだ。第一が台湾との戦争、第二が中日戦争(台海戦争は中日戦争をもたらす。東シナ海衝突も日中戦争へ)。東シナ海の領土画定は中日間の調和できない分岐だ。中国が強硬すぎると戦争になるし、中国が弱すぎるとこれも戦争になる。第三が辺境での(少数民族の)動乱だ」という(劉亜洲・二〇一六)。あまりに平然とおおっぴらに戦争が語られる現状は、平和憲法下で育ってきた日本のわれわれ世代にはとても恐ろしい。

中国は軍事力の伸びも大きい。英国のディフェンス・ウィークリーによれば、二〇一六年中国の国防支出は一九一七億米ドル、二〇二〇年には二三三〇億ドル(なお中国側発表では国防支出は二〇一六年九五四〇億元、一四六〇億ドル)、二〇一〇年の二倍となる、と予測した(順位は、米国、中国、英国、インド、サウジアラビア、ロシアの順で。日本は八位）。

二〇一五年に安倍政権が安保関連法を強行採決したが、それに符節を合わせるかのように、中国でも安全保障に関わるハードな法制化が進んでいる。二〇一五年七月一日「国家安全法」が採択され、九三年に制定された旧国家安全法は「反スパイ法」の部分だけ残った。新しい安全法は習近平が提起した「総合的安全保障」戦略（二〇一四年四月）を受けて法制化されたと言われる。

新安全法では、国家の安全を、「国家政権、主権、統一および領土保全、人民福祉、経済社会の持続可能な発展と国家のその他の重大利益に相対的に危険がなく、内外の脅威にさらされていない状態、および、安全状態を持続させる能力が保障されていることを指す」としている（同法、第二条総則）。そして、政治体制の安定性ならびに国家の統一性（第一〇条）、領土および海洋・空域における主権（第一七条）、経済システム、金融、エネルギーおよびその輸送ルート、食糧の安全、文化・イデオロギー、科学技術、インターネットの安全、各民族の団結（第二六条）、などが国家の安全を構成する、とされる。

ではは国家の安全を中央でマネージするのはどこか。二〇一四年一月に中央国家安全委員会が「国家の安全と危機処理の常設機構」として新設された。外交部・公安部・安全部・総参謀部・対外経済貿易部などの責任者がメンバーである(主席習近平、副主席李克強・張徳江)。しかし、この委員会が党・国家・軍の三者を横断する巨大な権力をもつ機構として機能するのか、米国の国家安全保障会議(NSC)のような諮問機構に止まるのか、不透明である。

力を行使したい日本

日本にも懸念すべきことが多い。二〇一二年一二月に発足した安倍政権(第二次)も「力」で中国を圧倒しようと意気盛んだ。安倍首相は二〇一三年はじめに上梓した『新しい国へ』で、次のように安全保障政策での突破を訴える。

民主党時代三年間は「外交の敗北」だった、それを取り戻さなければならないとしたうえで、安倍首相は、尖閣諸島問題につき、中国が日本の実効支配に挑戦しているのだからと、「(尖閣問題に)外交交渉の余地などありません」、「尖閣海域で求められているのは、交渉ではなく、誤解を恐れずにいえば物理的な力です」とはっきり言う(安倍晋三・二〇一三)。

二〇一五年は首相の「戦後七〇周年記念談話」が注目されたが、安保法制をめぐって激しい攻防があったせいか、有識者会議の意見などを取り入れて一九九五年の村山談話も基本的に踏襲するものとなった。だが問題もいくつかある。「事変、侵略、戦争。いかなる武力の威嚇や行使も、国際紛争を解決する手段としては、もう二度と用いてはならない」という表現や、「戦場の陰には、深く名誉と尊厳を傷つけられた女性たちがいたことも、忘れてはなりません」という文章のように、主語をぼかした曖昧なものが多く、今後の日本についても「積極的平和主義」を説明抜きで提起するだけに終わった。ちなみに、積極的平和主義についてはすでに、戦争がない状態が消極的平和主義だとすれば、「貧困などの「構造的暴力」を世界の国々の力あるいは合意によって取り除くのが積極的平和主義」だと平和研究のヨハン・ガルトゥングが定義しているが(ガルトゥング・一九九二)、安倍首相の思考は、武力放棄が消極的平和主義、力を行使する安全保障が「積極的平和主義」のようである。ガルトゥングとの違いは大きい。

6　安倍政権とネオ・ナショナリズム

日本会議とは

保守ナショナリストの任意団体に「日本会議」がある(現会長・田久保忠衛)。一九九七年一月に保守系議員などが中心になって「新しい歴史教科書をつくる会」がスタート、以後、政界の保守化、ナショナリスト化が進むが、同年二月に中川昭一、安倍晋三、衛藤晟一議員などによって「日本の前途と歴史教育を考える議員の会」ができた。日本会議自体は一九九七年五月三〇日に右翼組織といわれる「日本を守る国民会議」と宗教法人である「日本を守る会」が合体して成立するが、肝心なのはその前日に生まれた「日本会議国会議員懇談会」である。小渕恵三(一九九八～二〇〇〇年首相)、森喜朗(二〇〇〇～〇一年首相)などが発起人を務めた。結成時、同懇談会のメンバーは衆議院・参議院含めて一八九人、二〇一五年には二八一人と伝えられる(俵義文・二〇一六)。

毎日新聞(二〇一六年五月四日)によれば、日本会議の会員数は約三万八〇〇〇人、同議員懇談会には党派を超えて三〇〇人の国会議員が所属しているという。これは全国会議員七一七人の四二%である(山崎雅弘・二〇一六)。四二%という数字は日本会議が政界で突出したプレゼンスを発揮していることを象徴しているが、それ以上に安倍政権の内閣閣僚の三分の二近くが日本会議国会議員懇談会のメンバーであることに驚かされる。

以下は第二次安倍内閣、第三次安倍内閣の閣僚のうち日本会議国会議員懇談会のメンバーと伝えられる閣僚の比率である(出典は前掲、俵義文)。

【日本会議国会議員懇談会のメンバー】

第二次安倍内閣(二〇一二年一二月～二〇一四年九月)　一四人(七三・七%)

第二次安倍改造内閣(二〇一四年九月〜二〇一四年一二月)　一六人(八四・二%)
第三次安倍内閣(二〇一四年一二月〜二〇一五年一〇月)　一五人(七五%)

さらに、あるデータでは、第三次安倍内閣には安倍首相自身が会長を務める神道政治連盟国会議員懇談会(神道議連)のメンバーは一八人(九〇%)、「みんなで靖国神社に参拝する国会議員の会」(靖国議連)は一七人(八五%)、「日本の前途と歴史教育を考える議員の会」(教科書議連)九人(四五%)だという。

俵は安倍内閣を「日本会議政権」、「神の国」内閣、と呼んでいる。私にはレッテル貼りをする気はないが、次の点は強調しておきたい。安倍内閣は通常の政治家集団とは明らかに違う。国民全体のなかでたった四万人の会員しかいない日本会議という特異なイデオロギーの集団のメンバーが閣僚の四分の三を占めるなどというのはどうみても異常である。明らかに内閣は一つの主義・主張に偏った人々のサークルである。

では、一九九七年五月三〇日に生まれた「全国に草の根ネットワークをもつ国民運動団体」なる日本会議はなにをめざしているのだろう。

公式ウェブサイトで同団体は、「美しい伝統の国柄を明日の日本へ」、「新しい時代にふさわしい新憲法を」、「国の名誉と国民の命を守る政治を」、「日本の感性をはぐくむ教育の創造を」、

「国の安全を高め世界への平和貢献を」、「共生共栄の心でむすぶ世界との友好を」、という目標を掲げている。現行憲法については以下の観点から根幹を否定する。

「わが国の憲法は、占領軍スタッフが一週間で作成して押し付けた特殊な経緯をもつとともに、数々の弊害ももたらしてきました。すなわち、自国の防衛を他国に委ねる独立心の喪失、権利と義務のアンバランス、家族制度の軽視や行きすぎた国家と宗教との分離解釈、などなど。……外国製の憲法ではなく、わが国の歴史、伝統にもとづいた理念に基づき、新しい時代にふさわしい憲法の制定をめざす」(日本会議HP「日本会議がめざすもの」二〇一七年二月一五日閲覧)

また、次のような危機意識を強調する。

「東京裁判史観の蔓延は、諸外国への卑屈な謝罪外交を招き、次代を担う青少年の国への誇りと自信を喪失させている。……かつての崇高な倫理感が崩壊し、家族や教育の解体などの深刻な社会問題が生起し、国のあらゆる分野で衰退現象が現出している」(設立趣意書)

同集団は日本の政治・社会・教育の「保守化」、バックラッシュに「貢献」してきた。元号法制化、国旗国歌法の制定、中学校教科書から「慰安婦」記述の削除、教育基本法の大改定、外国人地方参政権法阻止、道徳の教科化、女系女性天皇容認の皇室典範改定の阻止、などである。昨今では教育勅語の復活さえもくろんでいる。

安倍首相の歴史認識

この日本会議と浅からぬ因縁をもつ安倍首相の歴史認識の一端を、第二次内閣以来の発言の断片から見てみよう。

彼の思想の核心にあるのは、「戦後レジームからの脱却」だろう。二〇一二年総選挙の際に、「戦後の歴史から日本という国を日本国民の手に取り戻す」、これが「日本にとって最大のテーマ」だと訴えた。安倍首相のいう「戦後レジーム」とはまずは憲法だろう。私は、「戦後レジーム」を構成するのは、憲法が代表する平和主義、民主主義、人権思想の三つだと考えている。では安倍首相にとって民主主義、人権は脱却すべき「戦後レジーム」なのだろうか。

次は「侵略」の「定義」である。二〇一三年四月二三日の参議院予算委員会で安倍首相は次のように答弁した。（日本の植民地支配や侵略をめぐり）「侵略という定義は学会的にも国際的にも定まっていない。国と国との関係でどちらから見るかで違う」。たしかに自然科学の「定義」のような、万人を支配する原理とはなっていないが、「学会的にも、国際的にも」、柔らかな定義は合意されている。一九七四年一二月一四日の第二九回国連総会「侵略の定義に関する決議」三三一四号である。

決議は、「侵略とは国家による他国の主権、領土保全もしくは政治的独立に対する武力行使、または国連憲章と両立しない他の方法による武力の行使である」(第一条)と「定義」したうえで、軍隊による他国領域への侵入もしくは攻撃、その結果たる軍事占領、併合、砲爆撃、封鎖など七項目の軍事的行為を、宣戦布告の有無にかかわらず「侵略行為」として列挙している(第三条)。

慰安婦問題についてはどうか。二〇一三年一月三一日衆議院本会議で安倍首相は慰安婦問題についての河野官房長官談話(一九九三年八月四日)をめぐって、「これまでの歴史のなかでは、多くの戦争があり、その中で女性の人権が侵害されていました。二一世紀こそ、人権侵害のない世紀にすることが大切であり、日本としても全力を尽くしていく考えであります」と述べた後、「この問題を、政治問題、外交問題化させるべきではないと考えています」と答弁している。慰安婦問題は「歴史問題」にほかならないのだから、それを政治化させない、外交問題化させないことは日本側にできることではなく、相手にかかっていると思うのだが。

本節の最後に安倍政権のアジア外交について触れておきたい。二〇一三年の『新しい国へ』

で安倍首相は、日米印豪四カ国の連携、「アジア・大洋州デモクラティックG3プラス米国」の連携を強調した。どうやらこれで、東アジアの面倒で、だがもっとも肝腎な相手である中国、韓国に対抗したいようだ（安倍晋三・二〇一三）。正面からの対応を明らかに避けているが、それでいいのだろうか。

安倍政権の二〇一五年までのアジア外交を、あるASEAN研究者は次のように評している。「まず、地域というものが見えてこない。地域共同体はもちろん地域制度によって地域を構想する視点が全くない。また、中国がほとんど登場しない」。要するに、「隣国である中国・韓国を含む地域の中に日本を置くことを嫌い、アジアの陸塊から目を背けて、インド洋・太平洋といった海洋におけるつながりに日本の将来を賭けようと」している（山影進・二〇一六）、と。残念ながら、私もこの評価に賛成する。

安保法制──物理的力、戦う国家

日本会議のような特異な集団を母胎とする安倍政権の課題は、第一が自衛隊の海外出兵を制度化し、軍隊に変えること、第二が平和憲法を改定すること、だろう。内閣への高い支持率と議会での多数に乗じて、国論が分断している中、安保法案が二〇一五年七月一六日に衆議院、九月一九日未明に参議院で強行採決された。

そもそも安保法案の制度化を政権が急ぎ、また世論もそれを結局認めてしまった背景には次の新状況がある。まず、一九九一年湾岸戦争の際に日本は米国等に一三〇億ドルの財政支援をしながら自衛隊を派遣しなかったことが国際的貢献不足と認識され、その後国際的な武力貢献の声が強くなってきた(と安倍政権や一部メディアが認識した)。九二年に国連の平和維持活動に参加、二〇〇三年からはイラクの人道支援をするなど、自衛隊の海外派遣を拡大した。メディアは、全く普通のことのように自衛隊の海外活動や武器使用、多国間の合同軍事演習などを伝える。

さらに二〇〇〇年代に入ってからの北朝鮮の急テンポな核開発である。日本海沖にテポドンがおち、日本国民は強い脅威と危機感を感じた。中国の急速な台頭、攻勢的な対外政策とくに海洋戦略も追い風になった。尖閣海域における日本の実効支配を中国が力で覆そうとしていると政権、メディアの一部は喧伝した。安倍首相自身、二〇一三年初頭に「尖閣海域で求められているのは、交渉ではなく、誤解を恐れずにいえば物理的な力です」と述べた(安倍晋三・二〇一三)。

こうした強い脅威認識が追い風となって日本を「国防軍をもつ」、「戦争のできる」、「普通の国」にする条件があっという間に作られた。安倍政権の動きは迅速だった。二〇一四年七月一日に集団的自衛権の行使を容認する閣議決定をしてわずか一年で日本の安全保障体制と戦略の根本を変える新法制までもって行ったのである。この安保法制は一つの新法（国際平和支援法）、一〇の旧法の改正（「我が国及び国際社会の平和及び安全の確保に資するための自衛隊法等の一部を改正する法律」）がセットになったもので、そのプロセスは相当複雑なはずだった。だが、一五年五月一四日に一＋一〇の安保法案を閣議決定してから、最終採択までたった四カ月という早業だった。その間、さまざまな反対意見、異議は無視された。一五年六月四日の衆議院憲法審査会で長谷部恭男早大教授など日本を代表する三人の憲法学者が「安保関連法案は違憲だ」と意見陳述し、その後も政権側の法律の番人とも言える歴代の内閣法制局長官（阪田雅裕・宮崎礼壹・大森政輔など）が、「違憲」もしくは「これまでの政府見解から逸脱」と陳述したにもかかわらず、すべて無視された。なお、法案が公布された九月三〇日に安保法制違憲訴訟の会ができ、翌年四月二六日に安保法制の違憲訴訟を東京地方裁判所に提起した。

戦後日本からの決別？

戦後日本からの「決別」が始まった。安保法制の提案理由は、「国際平和支援法」によれば、

「国際社会の平和及び安全を脅かす事態であって、その脅威を除去するために国際社会が国際連合憲章の目的に従い共同して対処する活動を行い、かつ、我が国が国際社会の一員としてこれに主体的かつ積極的に寄与する必要があるものに際し、当該活動を行う諸外国の軍隊等に対する協力支援活動等を行うことにより、国際社会の平和及び安全の確保に資することを目的とする」とされている(本法第一条)。自衛隊の海外での軍事活動が認められることになった。ただ「対応措置の実施は、武力による威嚇又は武力の行使に当たるものであってはならない」との制約がついた(第二条第二項)。

自衛隊法第七六条の改正で自衛隊の「存立危機事態」での防衛出動が可能になった。「存立危機事態」とはなにか。二〇一五年の国会審議を通じて、存立危機事態とは集団的自衛権を行使する際の要件の一つであり、「我が国と密接な関係にある他国に対する武力攻撃が発生し、これにより我が国の存立が脅かされ、国民の生命、自由及び幸福追求の権利が根底から覆される明白な危険がある事態」を指す、とされた。

では集団的自衛権とはなにか。これまで主権国家の権利として容認されてきた自衛権は個別的自衛権である。集団的自衛権は国連憲章の第五一条において新たに明文化された権利である。日本では憲法第九条により集団的自衛権は行使できないとの政府解釈がずっと続いてきた。ところが、先述したように、二〇一四年七月一日、第二次安倍内閣は集団的自衛権を限定的に行使することができるという、「日本を囲む安全保障環境が変化したため憲法解釈を変更する」と閣議決定した。

安保法制は戦後七〇年の歴史を巻き戻し、日本の根幹を変える重大事である。集団的自衛権は合憲だろうか、憲法解釈の如何で処理できるのだろうか。法理論的にこれらの決着はついていない。ある研究者が言うように、集団的自衛権行使が軍隊として戦争することにほかならない以上、同権利を行使しようとすれば、日本国憲法の改正と自衛隊の正式軍隊化、開戦規定などの整備が不可欠だという意見の方がまっとうである(豊下楢彦ほか・二〇一四)。これ以上憲法解釈によるごまかしを続けるべきではない。

なお、安保法制について中国の新華社は即座に次のように反応した。

「安保法案は日本の行く方向を変えるだろう。日本の平和憲法前文および第九条の平和主義、武力不行使の内容に違反する。これで平和憲法は空洞化し有名無実になるだろう。……安保法案はさらに日本の海外派兵の衝動を刺激する。専守防衛の日本の戦後安保政策に重大な変化が生じ、……戦後国際秩序配置が揺らぎ蹂躙され、アジアの将来の安全に潜在的脅威をもたらすだろう」(新華社・二〇一五年九月一三日)

安保法制は日本の未来を大きく左右する。日中の間に「力で対抗する」新関係が生まれてしまう。今こそ日本も中国も、それぞれが力をコントロールし、外交と交渉と法律で東アジアの新秩序を作り上げていかなければならない。

第六章　モデルとしての米中関係

1　日中と米中——その対比

本章では、日中関係を突き放して考えられるように、中国の第一のパートナーであり、ライバルでもある米国と中国の関係を日中関係と対比してみたい。主に一九七九年の国交正常化以後を対象とする。いくつか学ぶ点があるにちがいない。

米国の対中誤認

実は米国は中国政策で何回か苦い目にあった。本章で強調する「制度化された米中関係」はそうした失敗経験を学んだ結果だとも言えよう。穏健派の中国研究者D・ランプトンは二〇〇七年に、米国は対中誤認の結果、中国政策においていくつかの間違いを犯してきた、という。第一が一九五〇年一〇月に中国の朝鮮戦争介入を予測できなかったこと。「戦争に疲れた北京政府が朝鮮半島統一について合衆国のドライブに介入する可能性を念頭に入れなかった。これと他の誤った判断が朝鮮戦争への北京の介入を招き、中国、合衆国、朝鮮半島の人々に巨大な代価を払わせた」とする。

第二が一九九三年クリントン政権による中国の力の過小評価である。クリントン大統領は最恵国待遇と人権問題をリンクさせ、中国に後者で圧力をかけたが、中国は予測していた以上にタフだった。クリントン政権は「みっともないUターン」を迫られ、その結果ワシントンの人権に関する強硬姿勢はレトリックに過ぎず、ワシントンにとって人権は戦略的利益やビジネスの利益より下位にあるという確信を北京政府に抱かせてしまった、と反省する。

第三が北朝鮮の核問題六者協議をめぐってである。ランプトンによれば、米国は朝鮮半島における北京の影響力を過大視するきらいがある、という(ランプトン・二〇〇七)。

同じく穏健派のH・ハーディングも、一九七〇年代末、中米は対ソの准戦略関係を結んだが、それは米国が中国の戦略パワーを過大評価、中国外交の「芸術」にしてやられた、と悔やんでいるし、米国の中国研究の中心だったM・オクセンベルクは、一九八九年当時、中国の民主化の未来について米国の研究者の多くが超楽観視し多くの見誤りをした、チャイナ・ウォッチャーは「総懺悔」する必要がある、と述懐している(ニューズウィーク一九八九年六月一六日)。

米中間のイシュー

米中両国は少なくとも四つのレベルのイシューを抱えている。

＊安全保障やパワー・バランスレベル、国際秩序、国際ルールをめぐる摩擦、分岐
＊経済的利益(二国間および多国間)の衝突
＊台湾問題の「管理」をめぐる分岐や衝突
＊人権や価値をめぐる分岐や衝突

他方、日中間にあるのは、①領土・領海・経済的利益、②地域におけるパワー・リーダーシップ、③歴史認識や価値、の三つのレベルのイシューである。三つのレベルのイシューが複雑に絡まっていて解きほぐしができないこと、とくに第三レベルのイシューが理性化や定式化がとてもむずかしいなどの難題が日中間にはある。米中間の四イシューもそれぞれが深刻だが、米中は歴史的にこれらを「管理」してきたし、また関係を制度化することで問題が生じたときの処理が可能な状況になっている。

米中／日中の関係対比

ともすれば感情化する日中関係を考えるときに、米中関係を一つのモデルとして考えてみるのは有意義である。巨大で、不透明で、文明・イデオロギー面で異質な中国との関係に苦慮しているのは米国も日本も同じである。だが、この二つの二国間関係には同レベルで比べるのを躊躇うような次のような基本的な違いもある。

第一に、日中と違って、米中間には歴史的遺恨がほとんどない。二〇世紀初頭八カ国連合軍で清朝は侵略を受けたが、もはや歴史の彼方の出来事である。一九五〇～五三年に両国軍は朝鮮で直接戦いはしたものの、米中正常化時に戦後処理の問題が採めたということもない。「やらなくてよかった」朝鮮戦争に「学んで」、六〇年代には両国のリーダーは直接対決を注意深く避けた。政府レベルでも、国民レベルでも遺恨を抱えているかいないか。二つの二国間関係最大の違いだろう。

第二に、米国の対中政策は、一九七二年のニクソン訪中から今日まで、巨大な、発展する、だが不透明な中国を国際社会に関与させる、という点で一貫性がある。ハーディングによれば、「関与・統合・援助の三要素からなる多元的戦略」であり、中国が第二の経済大国になってから台頭中国への対応(リバランス)が加わった、とする(ハーディング・二〇一五)。もっとも、その基本ラインに対する批判も一貫してあるが、これまでは少数派だった。たとえば、ジェイムス・マン（元ロスアンゼルス・タイムズ記者）は、台湾を犠牲にして対中関係を急いだ点や一党独裁を許容している米国の対中外交を批判し続けている。またマイケル・ピルズベリー（ハドソン研究所）は、「脆弱な中国を助けてやれば、中国はやがて民主的で平和的な大国となる。しかし中国は大国となっても、地域支配、ましてや世界支配をもくろんだりはしない」という「仮説」は、中国の「タカ派」を過小評価するもので、「危険なまでに間違っている」ことが日に日に明らかになっていると痛烈に主流を批判する。ピルズベリーは、共和国建国一〇〇周年までに中国は世界の経済・軍事・政治のリーダーの地位を米国から奪取すると述べ、タカ派が握っている中国の動きに強い警告を発する。

習近平政権の強硬な内外政策、中国の第二の経済大国化などを契機に、米国内では、これまでの米国の対中親和政策が間違っていたのではないか、とする議論、言ってみれば「中国政策をめぐる第三の大論争」が起こっている。デイビッド・シャンボーが二〇一五年春にウォールストリート・ジャーナル紙上の「中国共産党統治の最終幕が始まった」と題する論考で、いずれ混乱のうちに現レジームは崩壊するだろうと予測した。これも「大論争」の一端だったのだろう。

中国がグローバル大国に跳躍し、米国の覇権に(遠くから)挑戦するようになったいま、米国で何十年ぶりに中国政策をめぐる大論争が起こるのも当然だろう。しかし私は、世界のパワー・バランス上、米国が政治的にも経済的にも第二の超大国——中国を必要としていること、予測できる将来、中国は決して米国との決定的な対決は選ばないだろうこと、などから、米国の「関与・統合・援助の三要素からなる多元的戦略」が大きく変わる可能性はきわめて少ない、と考える。とくに、米財界主流は、世界第二位の経済体・中国との経済関係の進展をなにより必要としている。要するに「緩やかな対中コンセンサス」は揺らがないだろう。

では、中国において対米政策をめぐる深刻な国内分岐があるだろうか。中国のシンクタンク・学界では、対外政策、対米観をめぐって、対米親和派(北京大学・王緝思など)、中間派(南京大学・朱鋒)、ハードなリアリスト(清華大学・閻学通)の三つに分かれているが、主流は、米国との関係の安定化を求め、米国のヘゲモンに根本的な異議申し立てをしないグループだと考えている。

つまり、米中いずれも、政権レベル、世論レベルでは、相手国に対する、親和的で相互に信頼に裏付けられた緩いコンセンサスがある。日中が、リーダー間でも、国民レベルでも不信感が強く、不親和感が八〇〜九〇%にも上っているのとは大きな違いである。

最後に、日中と米中にはもう一つ大きな違いがある。両国関係が基本的な安定状況にありながら、一九九〇年代以来、両国は政府間関係の「制度化」に大きなエネルギーを注いできたし、それに成功している。本書の前半で強調しているような日中での制度の脆弱さ、関係の人格化とは本質的に違う。これが二つの二国間関係に際立った違いをもたらしている。

米中関係の構造的特徴

天安門事件後の一九九〇年代から、クリントン政権、ブッシュJr.政権、オバマ政権期の両国関係の構造を見てみると、次のような特徴がある。

第一に、七九年の国交正常化以来、安全保障、危機管理、経済関係強化、文化・人的交流などさまざまな領域にわたる政府間の大小のチャネルが構築され、機能している。主軸になっているのは二〇〇六年にスタートした米中戦略経済対話（S&ED）である。ブッシュJr.政権期に五回、二〇〇九年から二〇一六年までオバマ政権期には八回、いずれもきわめて定期的に開かれている（**表2**、**表3**参照）。なお、米国側情報（D・ドラー世界銀行中国モンゴル局長）では二〇一〇年段階で米中間には九〇の定期的な対話・協議・会議・メカニズムが働いているという。

第二に、リーダー間に、相互信頼、相互安心が醸成されている。それを保障しているのは、相手国に対する「基本原則」が米国も中国も時代をへて継承され、相互に承認されているからである。

習近平政権がスタートしたのは二〇一二年だが、彼は以来、「新型大国関係」の次の四原則(四つのノー)を対米交渉の際はいつも確認している。それは、①対立せず(no confrontation)、②争わず(no conflict)、③相互尊重(mutual respect)、④相互勝利の協力(win win cooperation)、というものだ。

他方米国は、一九七二年のニクソン、キッシンジャー外交以来、「台湾問題についての米国の三つのノー」をいつも双方で再確認している。①台湾独立を支持しない、②二つの中国、一つの中国・一つの台湾を支持しない、③国家を要件とするいかなる組織のメンバーにもさせない、である。九六年には、李登輝の総統公選をめぐって「台湾海峡の危機」が生じたが、クリントン大統領が改めて確認したことで米中間の危機の拡大を避けることができた。

第三に、エリート人材の「米国化」が両国権力相互間の基本的な信頼関係構築を支えている。一九八〇年代から中国の優秀な人材がハーバード大学の法科大学院やＭＢＡコースで訓練され、彼らの多くは、国際機関のエリート、ないしは中国の経済官庁の中核を担っている。北京大学学派、清華大学学派と並んでハーバード大学学派が中国を統治する時代に入った。最大の成果は、米中に跨がる「ハーバード学派」の間で育った信頼感が米中ハイレベルの人格的信頼醸成に寄与しているように感ずる。

2　米中関係の制度化――安全保障と危機管理

多分野の定期協議ネットワーク

二〇〇六年以来の米中対話のうちとくに重要なのは次の四つである。

＊戦略経済対話(二〇〇六年スタート、外相もしくは副首相級)(S&ED)
＊戦略安全対話(二〇一一年スタート、外務次官・国防次官級)(SSD)
＊国防次官級協議(一九九七年スタート)
＊人的文化交流ハイレベル対話(二〇一〇年スタート)

以上の四つは多くの場合、年一回、戦略経済対話の前後に一緒に開催されている。

オバマ期の第二回戦略経済対話(二〇一〇年五月)を見てみよう。胡錦濤主席、温家宝首相も出席、演説をしているが、戦略安保分野はクリントン国務長官と戴秉国・国務委員、経済分野はガイトナー財務長官、王岐山副首相が主宰した。米側代表団は総計二〇〇人を数え、双方で五〇〇人の超大型会議になった。安保領域では米中軍事協議ももたれた。原子力の安全に関する協力覚書、シェールガスの共同開発協議など合計七項目の合意文書ができた。

次に、国交正常化三五周年の際に開かれた第二期・第六回戦略経済対話(二〇一四年七月)を見てみよう。

＊戦略対話(主宰：ケリー国務長官、楊潔篪・国務委員)　一一六項目合意
＊経済対話(主宰：ルー財務長官、汪洋副総理)　米中投資協定本格交渉開始で合意
＊並行協議──戦略安全対話
　米国：バーンズ国務副長官、ウォーマス国防次官
　中国：張業遂・外務次官、王冠中・副総参謀長
＊並行協議──人的文化交流ハイレベル対話

なお、ほかには次のようなメカニズムが動いている。

＊海洋法と極地事務対話
＊合同商業貿易委員会
＊軍民サイバー問題作業部会
＊海洋保護特別会議

＊核不拡散協力
＊反テロ事務協議
＊法律顧問協議など

ブッシュJr.期、オバマ期あわせて計一六年間の両国の対話チャネルを見てみよう。

ブッシュJr.政権期に五回の米中戦略対話が開かれている。双方はこのメカニズムをスタートさせるにあたって、米中は、①いかに中国を見るか、②いかに米国を見るか、③いかに世界を見るか、④いかに協力を見るか、⑤いかに分岐を見るか、を議論する、ということで合意をしたという。

第一期・第二期米中戦略経済対話リスト

二〇〇六年にスタートした米中戦略経済対話は習近平・オバマ政権に引き継がれ、すでに一三回を数えている。それらは次のような特徴をもっている。

まずこの対話メカニズムが、外相級ないし副首相級の、ハイクラスで包括的な対話である点だ。世界銀行の中国モンゴル局長デイビッド・ドラーは、米中のこの対話メカニズムについて、これまでのメカニズムと比べてこの戦略経済対話は、最高レベルが参加し、参与する部門が最

表2　第1期米中対話　胡錦濤政権-ブッシュ Jr. 政権

年　月　日	対　話　名	場所
2006. 12. 14-15	第1回 S&ED	北　京
2007. 5. 22-23	第2回 S&ED	ワシントン
2007. 12. 12-13	第3回 S&ED	北　京
2008. 6. 17-18	第4回 S&ED	アンナ・パレス
2008. 11. 4- 4	第5回 S&ED	北　京

も多く、議題も最も広範で、「分岐をコントロールし、相互信頼を醸成し、協力を促進するためのユニークなプラットフォーム」を提供していると評している（中美印象周報』第一〇八期二〇一六年六月五日）。一三回までその評価を裏切ってはいない。

第二に、対話メカニズムが多領域的なことである。**表3**に示したように、途中から戦略経済対話に合わせて、米中間の重要な安全保障対話――戦略安全対話と人的文化交流ハイレベル対話などを同時期に開催し、前者はすでに六回を、後者は七回を数えている。

以上のような制度化が米中では進んでいる。われわれが捕捉できないチャネルもあるし、本書では扱わない多国間のチャネルやネットワークも多数動いている。米国では中国台頭に対応するうえで必ずしも国論が一元化していないと言われるが、両国関係それ自体の安全環境は整ってきていると言えそうである。この点は、道徳と感情と人間のみに依存してきた日中関係が学ばなければならない大事なポイントであろう。

表3　第2期米中対話　胡錦濤政権・習近平政権–オバマ政権

年　月　日	対　話　名	出　席　者
2009. 7. 27–28	第1回 S & ED	王岐山副首相，戴秉国国務委員，クリントン国務長官，ガイトナー財務長官
2010. 5. 24–25	第2回 S & ED	王岐山副首相，戴秉国国務委員，クリントン国務長官，ガイトナー財務長官
2011. 5. 9	第3回 S & ED 第1回 SSD	王岐山副首相，戴秉国国務委員，クリントン国務長官，ガイトナー財務長官，張志軍外務次官，馬暁天副総参謀長，スタインバーグ国務副長官，フロノイ国防次官
2012. 5. 3– 4	第4回 S & ED 第2回 SSD	王岐山副首相，戴秉国国務委員，クリントン国務長官，ガイトナー財務長官，張志軍外務次官，馬暁天副総参謀長，バーンズ国務副長官，ミラー国防副長官
2013. 7. 10–11	第5回 S & ED 第3回 SSD 軍民サーバー問題作業部会	汪洋副首相，楊潔篪国務委員，張業遂外務次官，ケリー国務長官，ルー財務長官，バーンズ国務副長官
2014. 7. 9–11	第6回 S & ED 第4回 SSD	汪洋副首相，楊潔篪国務委員，張業遂外務次官，王冠中副総参謀長，ケリー国務長官，ルー財務長官，バーンズ国務副長官，ウォーマス国防次官
2015. 6. 22–24	第7回 S & ED 第6回人的文化交流ハイレベル対話 第5回 SSD	汪洋副首相，楊潔篪国務委員，劉延東外務次官，ケリー国務長官，ルー財務長官
2016. 6. 5– 7	第8回 S & ED 第6回 SSD 第7回人的文化交流ハイレベル対話	汪洋副首相，楊潔篪国務委員，張業遂外務次官，バイデン副大統領，ケリー国務長官，ルー財務長官，ブリンケン国務副長官

トランプ政権と米中関係

大方の予想を裏切って、二〇一六年秋、第四五代米国大統領に不動産王(共和党)のドナルド・トランプが選ばれた。外交のベテラン・クリントンとはまったく対照的な新大統領だけに対中関係の不安定が予測されるが、さっそく、就任前の一二月二日に蔡英文・台湾総統と直接電話で会談したり、中旬にはメディアのインタヴューで、「一つの中国政策については十分に理解しているが、中国と貿易などについて合意でもしないかぎり、なぜ堅持する必要があるのか分からない」などと重大な疑念を述べて驚かせた(ニューズウィーク日本版二〇一六年一二月一二日など)。選挙期間中も、中国が米国の雇用を奪っていると批判したり、中国製品に対する関税を大幅に引き上げると脅したり、中国を冷や冷やさせた。

二〇一七年一月二〇日の就任演説では、「首都ワシントンから権力を国民の手にとりもどした」とポピュリズムを煽り、「自国の軍隊の悲しむべき疲弊を許しておきながら、他国の軍を援助してきました。私たち自身の国境を守ることを拒否しながら、他国の国境を防衛してきました」。……「米国製品を購入し、米国人を雇用する」「単純なルール二つ」で「米国第一」を人々の感情に訴えた。トランプ政権下の米国が「非公式の帝国」(藤原帰一)の地位から降りるのか即断はできないが、国際政治、アジアの地域状況が不安定化するのは避けられまい。

ただ、右の「一つの中国」をめぐる騒動は、ホワイトハウス声明によれば、就任後の二月九日に、トランプ大統領が習近平主席に直接「長時間」電話し、「トランプ大統領は習主席の求めに応じ、われわれの「一つの中国」政策を維持することに同意した。米中首脳は、相互利益にかかわるさまざまな問題について対話と交渉を行っていく」と合意した。習近平も友好的に、「大統領の一つの中国政策支持に中国は感謝する」と述べ、「米国と中国は協力的なパートナーであり、共同の取り組みを通じ、二国間関係を歴史的な高みに押し上げることができると信じている」と語ったという(ニューズウィーク日本版二〇一七年二月一〇日)。

トランプのこの軌道修正にはティラーソン国務長官などの強い働きかけがあったと言われる。なおこの間、中国がかなり冷静に対応していたのが興味深い。

米中間には、台湾問題、貿易不均衡での摩擦、人権問題などの二国間イシューのほか、東アジアの戦略関係、海洋秩序をめぐるパワー争いがある。米中二国間関係は、「一つの中国」騒動で北京が冷静に対応したことが物語るように、大きな波瀾はないだろう。というのも、すでに紹介したように、両国間はさまざまな分野のチャネルで制度化されているし、また相互信頼が醸成されている。なにより中国には、朝鮮戦争の教訓、および米国と軍事力で全面対決したソ連が惨めに崩壊した歴史の教訓がある。米国と一戦を交えるリスクを冒しはしまい。

ただ、東アジアの戦略関係については今後不安がつきまとう。日中・日韓・中韓のそれぞれの二国間関係が多くの問題を抱えているために、米国の安定的リーダーシップは不可欠なのに、トランプの米国がそれを提供できそうにないからである。日本も中国も、米国が提供する安全保障に依存しすぎるのは大変に危険である。それぞれが軍備拡張路線ではない道をとり、交渉と対話と法を通じてこの地域での紛争を抑止するメカニズムを協力して構築して行くべきだろう。

3　もう一つのモデル——制度化された中ロ関係

戦略協力パートナーシップ

中国が「制度化」に成功しているもう一つの二国間関係は、一九九〇年代後半からの対ロシア関係である。まず、一九九一年の東部国境協定、九四年の西部国境協定、九六年の国境地区での相互兵力削減協定、ロシアを含む五カ国の間の国境地区軍事領域での信頼強化協定、二〇〇四年の東部国境補充協定などで、四三〇〇キロの国境の安定と兵力削減が行われた。また九六年には江沢民国家主席がロシアを訪れ、両国の「戦略協力パートナーシップ」がスタートした。二〇〇一年七月には、善隣友好協力条約が締結されている。二〇一一年には全面的戦略協力パートナーシップ関係への新ステージに入った。

九〇年代末から二〇一〇年代まで、中ロ間には次のようなメカニズムが働いており、定例化している。大統領と国家主席の首脳会談、首相レベルの定期協議は九〇年代末から二〇年近く毎年数回行われている。

＊首相の定期協議(一九九六年〜。「中ロ首相定期会談委員会」を設置)

＊首脳会談(一九九七年〜)

＊国防相定期協議(一九九三年〜。「国防部協力協議」、「国防相定期会談メカニズム」設置、一九九四年に「中ロ危険軍事活動予防協定」締結)

＊戦略安全協議(一九九七年〜。軍隊間。二〇一六年六月には第一八回戦略協議が行われている。中国側は楊潔篪・国務委員、孫建国・副総参謀長、ロシア側はルツコイ副総参謀長)

＊戦略安定協議(一九九八年〜。外務次官レベル。二〇一六年九月には第一二回の定期協議が開かれた。中国側は孟建柱・政法委書記、楊潔篪・国務委員、ロシア側はパトルシェフ・ロシア連邦安全保障会議書記)

＊国家安全協議（二〇〇五年二月〜。副首相レベル）

＊中ロ東北アジア安全協議（二〇一三年スタート。二〇一六年七月には第四回協議が行われている。中国側は外交部長助理、ロシア側はモルグロフ外務次官）

このほか、次のようなメカニズムも働いている。

＊半民間協力の制度化（一九九七年〜。「中ロ友好・平和と発展委員会」設置）

＊教育文化衛生体育協力委員会（二〇〇〇年〜）

＊反テロリズム工作組（二〇〇一年〜。外務次官レベル）

＊国境駐留部隊不定期協議メカニズム（二〇〇二年〜）

＊議会の定期協議メカニズム（二〇〇三年〜。二〇〇六年に「中ロ議会協力委員会」設置）

制度蓄積の効果

このうちとくに注目されるのは、二〇〇五年二月にスタートした「中ロ国家安全協議」である。これは副首相レベルの対話メカニズムで（唐家璇（とうかせん）・国務委員、イワノフ・ロシア連邦安全保障会議書記）、中国がもっぱらロシアとの間に設けたチャネルである。同じ年の五月と八月に始まる対日戦略対話、対米戦略対話と比べて、「レベルが高く、総合性が強く、内容が政治・経済・国防など多領域に及び、このメカニズムを通じて中ロのリーダーはより深く率直に話し合い、二国間関係の多くを直接決定することができる」と言われる(『環球時報』二〇〇五年一〇月二一日)。

なお、経済分野では、一九九六年に設置された首相定期会談委員会のもとに、経済貿易協力、科学技術協力、運輸・資源協力、銀行協力、核問題、通信と情報技術など一〇分野の分科会が動いている。

「戦略協力パートナーシップ」をうたい、一部で准同盟だと評されることもある関係ではあるが、実は中ロ間にはさまざまに厄介な問題がある。中国経済の大規模な浸透と大量の合法・非合法の移民は、ロシアの極東部・シベリア地区に「中国脅威論」と華人排斥の動きをもたらす。この問題については、「中ロ移民問題連合工作組」などを作って対応している。また、中央アジアの資源をめぐって潜在的な対抗関係も強い。二〇〇一年に上海協力機構を作ったことは、対抗関係を緩和するための制度作りに役立っているようである。

冷戦期、中国とソ連の関係はきわめて不安定だった。一九五〇年代の同盟関係は、安全保障上の利益の不一致や毛沢東とフルシチョフの個人的対立を契機に、不信関係に陥り、六〇年代にはイデオロギーの対立が国家間対立につながり、ついに七〇年代に入ると中国はソ連を「主要敵」に設定した。冷戦後の中ロ関係の「制度化」は、かつての中ソ関係が非制度的でもっぱらイデオロギーとリーダーの個人的関係によって作り上げられ、そのために、国家間の利害をめぐる紛争を処理できず、極端から極端に転じた、という反省からきている。「セットになったルールや組織機構がなく、リーダーを有効に制約できなかった」という教訓である。ある中国の論者は、九〇年代以降の中ロ関係を制度構築、そして制度蓄積の成功例と見ており、それが「中ロ関係の持続的発展を保証する」と論じている(楊成・二〇〇七)。

もちろん、グローバルでもリージョナルでも共通の戦略利益をもって戦略協力パートナー関係を深化させている中ロ関係を日中関係のモデルにはできない。しかし、大国同士の関係の安定化、持続化という点で中ロ間の制度化プロセスは参考になる。制度構築と制度蓄積によってしか、どんな二国間関係も持続的安定的関係を保証できない。ましてや、日本にとっても中国は「定位」しにくいし、中国にとっても日本は「定位」しにくいのだから。

第七章　中国外交をめぐる問い

1　中国外交の転変

キーワードでたどる

現代中国外交を読む解くとき、キーワードをたどっていくと、中国が国際環境や立ち位置の変化にあわせて敏感かつ柔軟に対応してきたことがよく分かる。

＊戦争・革命／平和・発展（冷戦期・改革開放期）
＊格局（勢力配置）（一九七〇年代登場）
＊独立自主（一九八二年登場）
＊球籍（地球市民の資格）（一九八八年流行）
＊和平演変（一九九〇年代）

＊韜光養晦（能ある鷹は爪を隠す、雌伏し時節を待つ）（一九九〇年代、鄧小平）
＊戦略パートナーシップ（一九九六年登場、江沢民）
＊責任ある大国（一九九八年登場、江沢民）
＊平和的崛起（二〇〇三年登場、胡錦濤）
＊和諧世界（調和の取れた世界）（二〇〇七年登場、胡錦濤）
＊中国の夢（二〇一二年登場、習近平）
＊核心利益（とくに二〇一〇年代から、習近平）

中国は一九五〇〜七〇年代の三〇年間、戦争と革命の時代という時代規定で国際社会に対してきた。冷戦思考である。平和と発展の時代という規定に変わったのは一九七八年末に採用した改革開放政策が契機になっている。革命は終わった、建設の時代に入った、近代化政策を採用する、とはっきり国策を確定したのは八〇年代半ばである。鄧小平の次の言葉がそれを象徴している。「かつてわれわれはずっと戦争は不可避で焦眉の急に迫っていると考え、……多くの政策がこの観点から出発していた。だがここ数年情勢を子細に検討した結果、二つの超大国のどちらも世界戦争を起こせないと考えるにいたった。……今後かなり長い期間、大規模な世界戦争は勃発しないだろうし、世界平和の維持には希望がもてる」（一九八五年三月中央軍事委員会での演説、『鄧小平文選』第三巻)。

「格局」は難しい言葉だ。国際政治ではパワー間の勢力配置を指すことが多い。パターン、ストラクチャー、レイアウトなどに相当する。一九七二年の米中接近で中国は自ら国際社会のパワー・ゲームに入っていったが、以来、大国間の勢力配置、力のバランス、つまり格局が外交当局にとっての最大の関心事である。

「球籍」は一九八八年に出てきた、一時言論界を席捲した用語である。グローバル市民たる資格、とでも言えようか。人権問題を含めて、中国が世界イメージを気にし出したということでもあろう。

韜光養晦

江沢民・朱鎔基・李鵬の九〇年代、胡錦濤・温家宝の二〇〇〇年代はキーワードがきわどく変転した。中国外交も中国の力の成長、グローバル大国化の進展に合わせて変化してきた。

「韜光養晦」は中でももっとも中国的な外交用語だろう。中国は当面前面に出ないで雌伏し、力を十分つけてから主導的に動くという中国外交の考え方は、八〇年代末から九〇年代初頭、天安門事件で中国が国際社会で孤立し、国際的には社会主義が崩壊し「東」の世界が衰落したなかで鄧小平などが言い出した考え方である。一九九〇年一二月二四日、鄧小平の「(昨今の混迷した国際情勢下で)第三世界の一部では中国が代表してほしいと求めているが、われわれは絶対に先頭には立たない。いいことが一つもないし、多くの主導性が失われてしまうからだ」という言葉が韜光養晦の発端である。銭其琛(当時、外交部長)が九五年に、「鄧小平の〝冷静観察、沈着応付、穏住陣脚、韜光養晦、有所作為〟の二〇字の戦略方針」としてまとめ、九〇年代の中国外交を支配した(銭其琛・一九九六)。

問題は、この韜光養晦戦略が中国でまだ続いているのかどうかである。穏健でリベラルな王緝思でさえ、二〇一二年に「(韜光養晦戦略は)もはや中国の国益にそぐわないし、中国の姿勢を包括的に説明するのにもふさわしくない。現在、「韜光養晦」が使われるのは、米国に対する姿勢を言う場合に限られる」(朝日新聞二〇一二年一〇月五日インタヴュー)と語っている。ある論者ははっきりこう言う。「鄧小平時代、経済建設とよい対外環境を求めて〝韜光養晦〟策略を採用した。領土問題も棚上げ、共同開発にした。この立場が二〇〇九年まで続いた。この時期までは、民族主義は、中国の主導的な国家政策ではなかった。国際社会への参与が中心だった」と(丁咚・二〇一六)。二〇〇九年は中国の対外戦略の転換期だと言われる(第九章第3節参照)。「戦略パートナーシップ」と「責任ある大国」という用語は大国外交への過渡期であった江沢民時代の外交戦略を反映している。「平和的崛起」と「和諧世界」は、力による外交よりも多国間協議を追求した胡錦濤・温家宝時代(二〇〇二〜一二年)、中でもその前半五年間の対外戦略を反映している。一〇年間の胡錦濤期は前半がソフトでリベラル、後半がどちらかと言えば強い姿勢に傾いた。

「中国の夢」は言うまでもなく習近平時代の開始を示すものだ。「中国の夢」と「核心的利益」が二一世紀一〇年代の強国強兵を指向する当代中国の国策を代表している。中国が「核心的利益」を公式化したのは、二〇一一年九月六日の「平和発展白書」(国務院新聞辦公室)である。白書は「国家の核心的利益」を、①国家主権、②国家安全、③領土保全、④国家統一、⑤国家の政治制度と社会の安定、⑥経済・社会の持続的発展の六つに確定し、断固としてこの六利益を守りきる、と宣明した(第九章第1節参照)。

四〇年近い改革開放の時代をこの一二のキーワードで全て説明することはできないが、キーワードから判断する限り中国外交はきわめて「中国的」である。米国も日本もロシアも四〇年間の対外関係を十数個のキーワードで論ずることなど思いもよらないからである。毛沢東時代を含めて中国外交は世界を悩ませてきた。ある事象や変化に対する想定外の反応が多いし、なにより政策決定のプロセスやアクターの透明度が高くなっている二一世紀になっても中国のそれはほとんど分かっていない。そのためか、冷戦期・後冷戦期を問わず、米国は中国の外交、対外政策についてしばしば誤認や誤りを犯してきた。ここでは一つの例だけ紹介しておきたい（詳細は第六章第1節参照）。

一九八九年の天安門事件（解放軍による民主化デモの武力鎮圧）では米国の中国研究者が総懺悔したという。米国でもっとも権威ある現代中国研究者だったオクセンバーグ（ミシガン大学）は、事件直後に、「多くの同業者も同様と思うが、私は先の教訓を噛みしめている中国ウォッチャーだ」、指導部内の分岐の深さ、トップでの政治改革が実は表面だけだったこと、リーダーの世代間隔絶がこんなに深かったことなどを見逃してしまった、と苦渋の告白を強いられた（ニューズウィーク一九八九年六月一九日）。趙紫陽前総書記などの改革派リーダー、ブレインたちの政治改革構想がスムースに実現するかもしれないと楽観していたし、アメリカ型民主主義が中国でも根付くと期待もしていた。自らの価値観のめがねを通して対象を判断するアメリカ人に共通する素朴さが事態の厳しさを見失わせた。

他方、日本でも誤認があった。八九年の五〜六月にかけて、テレビ・新聞で論評した中国研究者のかなりが、天安門広場での惨劇の後、「人民共和国は解体した」、「軍隊内の抗争で内戦が起こる」と悲劇的な結末を予想したものである。

2　中国外交は攻勢的か

米国でのディベート

二〇一五年頃から米国では対中国戦略をめぐって激しい論戦がある。中国の実力をどう評価するか、中国の国際戦略をどう見極めるか、昨今の強硬外交には権力内の闘争、国有企業や地方と結びついた利益集団の突き上げがあるのではないか、文民、とくに外交部の統制から離れた解放軍が独自の行動に走っているのではないか、などの疑問や憶測が渦巻いている。いま、米国の中国専門家を大きく三つに分けると次のようになろう。

＊ハト派

ハト派は、大きく安定した中国こそ、米国の世界戦略と矛盾・衝突しないと考える。代表はエズラ・ヴォーゲル(ハーバード大学)。彼は、自分は一九七二年の米中和解の受益者であるとともに、推進者でもある、としたうえで、鄧小平時代の中国外交、米中関係は、依然として有効であり、双方ともに利益をうる、米国の対中政策も大きくは変わらない、という。

＊中間派

中間派の代表としては、シャンボーやランプトンなどが挙げられる。安定的で冷静な中国認識と評判だったシャンボーが「中国共産党統治の最終幕が始まった」という一文をウォールストリート・ジャーナルに書いて大変話題になった。エリートの海外脱出、習近平への過剰な権力集中と人権派の抑圧、解放軍の独立的動きから、習近平政権の統治能力に大きな疑問を提起した。しかし彼には、権力の崩壊はゆっくりと進み、近い将来の突発事は想定にないようである。

＊タカ派

タカ派として挙げられるのは、ピルズベリー（ハドソン研究所）などだろう。『China 2049』で彼は、「中国は私たちと同じような考え方の指導者が導いている、脆弱な中国を助けてやれば、中国はやがて民主的で平和的な大国となる、そして中国は大国となっても、地域支配、ましてや世界支配をもくろんだりはしない……こうした仮説はすべて危険なまでに間違っていた。現在、その間違いが、中国が行うこと、行わないことによって日に日に明らかになっている」と、これまでの対中宥和政策を徹底批判するのである(ピルズベリー・二〇一五)。彼からすれば「強い中国」は米国にとっての脅威以外の何ものでもないのである。

なお、フリードバーグ(プリンストン大学)は、昨今の中国は大国化し、現状維持国家ではなくなったとし、米国内で議論されている対中戦略には次の六つのオプションがありうる、と分析している(フリードバーグ・二〇一五)。

＊中国を飼い馴らす
＊冷戦期のような軍備管理交渉で中国の安全を保障する
＊影響圏構想。キッシンジャーの太平洋共同体論
＊離岸均衡戦略
＊よりよい均衡戦略
＊完璧な封じ込め

このように、台頭中国についての米国の認識は大きく揺らいでいる。だが不確実なのは、肝心な中国自身がどのような外交目標と対外戦略(米国と覇権を争うか否か)をもつか、であろう。もっとも、トランプ現象に見られるように、米国はそれ以上に不確実かもしれない。

3　六つの問いと暫定的な答え

中国外交はどこまで中国的か

このように、中国の事象は相当に「中国的」である。では外交はどうだろうか。どこまで中国的かに答えるために、次の六つの問いを設けて、ごく簡単に答えてみたい。

【第一問】現代中国には、たとえば朝貢秩序や華夷思想のような清朝以前の、伝統的対外認識・対外行動が残っており、それが外交戦略や政策を規定しているのか。そうではなく、現代日本と同じように、近代主権国家システム(ウェストファリアン・システム)を前提として世界を認識し、対外行動をとるのか。あるいはそのどちらでもない中間、たとえば冷戦期にとってきた国際主義思考や「三つの世界」論で世界を認識するのか。

毛沢東時期は伝統の影響と新しい国際主義だったと概括できる。ところが現代中国外交はこの点では脱毛沢東を実現した。現代中国外交の基本思考は、俗説とは異なり、あくまで近代主権国家システムをモデルおよび前提としており、近代国家としての中華人民共和国の主権が絶対的課題である。キーワードを使えば主権こそ「核心利益」である。その背後には、主権が侵

表4　中国の戦略思考の変化

時期	戦略思考
伝統中国(明・清)	道徳主義
中華民国	リアリズム-プラグマティズム
毛沢東時期	理想主義／道徳主義
改革開放時期	リアリズム-プラグマティズム

されている、主権を完全には回復していないという観念(とくに台湾の「未回復」)があり、主権の完全回復を実現することが最大の外交課題と認識している状況がある。

【第二問】中国、とくにトップリーダーたちの戦略思考はどのようなものだろうか。

国際関係論の学説にそって、リアリズム―プラグマティズム、理想主義、道徳主義の三つの戦略思考を設定してみよう。改革開放以後の中国のリーダーたち、主な知識人の戦略思考はリアリズム―プラグマティズムである。表4のように、中国の戦略思考は実は一様ではないし、一貫してもいない。革命と冷戦を強く反映した毛沢東時期が、リーダーの個性もあり、理想主義と道徳主義が支配していたのに対して、改革開放時期からリアリズムが支配的である。目に見える利益を獲得し、守り、拡大していくことが外交の目的となっている。

【第三問】国際政治の認識枠組みに「中国的」なるものが顕著だろうか。

改革開放政策が始まったときの国際政治の教科書では（馮特君ほか・一九九二）、国際政治を次の四つのレベルに分けて考えている。第一レベルが世界システム、第二レベルが時代性・時代状況、第三レベルが広義の国際政治システム（系統）、第四レベルが国家間の配置（格局）、である。

第一レベルは「国際範囲内で、各行為主体（主に国家）の間の相互の政治経済関係の作用が作り出す、矛盾した、また統一した有機的総体」であり、ロシア革命までは資本主義システム、第二次大戦までは二つの政治経済システムの併存と競争、第二次大戦後は資本主義・社会主義・第三世界の三つの世界システムが競合してきたとする。グローバリズムの時代は一つの世界システムの支配に入る、と考えるのだろう。

第二レベルの時代性はいわば発展段階であり、五〇年代までは戦争と革命の時代、それ以後は平和と発展の時代に区別される。中国の国際政治観ではこの時代性がきわめて重要な要素となっている。

第三レベルが国際行為主体（主に主権国家）の間の相互作用の集合体であるのに対して（「系統システムと呼ぶ）、第四レベルは国際政治の各パワー（大国）の間の相互作用と構造である（「格局」と呼ぶ）。「格局」とは「国際舞台における主要な政治的パワーの間の、ある一定の時期における相互関係および相互作用が作り出す構造」であり、格局の主体は、「独立的に役割を発揮できる、国際政治に巨大な影響力をもつ政治単位」である。言うなれば格局とは、「一定の意味で、一種のパワー・バランス状態」で、「国際政治で主要パワー間の力関係が一定の均衡状態に達したとき、一定の相互制約関係が生まれ、一定の格局状態が構成される」のである（馮特君ほか・一九九二）。

中国は平和共存五原則を国際関係のあるべき準則としてきた。特に九〇年代以降、内政不干渉を含む五原則は第三レベルの中国外交の理論的「砦」である。五原則の核心は国際関係を平等な主権国家の関係の個々および総体だと認識する点にある。であるから、第三レベルにおける理念的立場と、第四レベルの格局概念、勢力均衡の現実主義的立場は整合的とは言えない。

四つのレベルに分けて国際政治を観察する認識方法はどう見ても中国的である。このような認識方法や枠組みは毛沢東時代から今日までそれほど変わっていない。

王緝思は中国の外交思想の思考の枠組みは、次のような特徴をもっている、とする。

＊国際情勢は絶えず変化する。したがって外交思想、外交政策をそれに合わせてたえず「調整」するという考え方に立つ。

＊思考における高度な抽象性。たとえば、「東風は西風を圧す」（毛沢東、一九五七年）、「当

面の世界の大問題は平和と発展である」(鄧小平、一九八五年)など。

＊アクターとしての国家間の関係が主要な関心。敵と友、矛盾の利用などに関心。「中国の対外政策は、その他の大国と比べて、最もイデオロギー色の薄いものとなる」。

＊強烈なモラル色。高い理念的原則で国際関係が処理できると考える。「中国人は心から、平和共存五原則で国際新秩序を樹立することが国際紛争を解決する唯一の方法だと考えている」(王緝思・一九九三)。

この王緝思の分析をそのまま受け入れるわけではないが、改革開放時期の中国外交がリアリズムと国家利益だけで説明できないことだけは確かである。

中国の空間認識

【第四問】中国の空間認識に「中国性」があるのだろうか。

九六〇万平方キロの国土をもつ大陸国家・中国の世界や地域という空間についての認識は、小さな島国・日本と大きな違いがある。中国がアジアをたんなる自己の「周辺」から一つの国際主体・地域とみなし対応し始めるのはようやく九〇年代後半からである。私はこれまで、「中国外交には周辺はあっても地域はない」と評してきたし、アジア地域外交は存在しないと言ってきた。前掲の王緝思も、中国ではアジア・東アジア概念が一般とは違う、いわゆる東アジアと南アジア、中央アジア・モンゴル・ロシアなどを加えた地域を一括して「周辺国家」に概括している、と二〇〇四年の共著で指摘している。

ところが、九〇年代半ばから中国は北方、西方、東南方に対する積極的地域外交を展開し始めた。東南アジア地域とは既存の地域組織ASEANと対応し、中央アジアとは上海協力機構(SCO)を二〇〇一年から立ち上げて中国中心の地域機構とすることに成功した。しかし、中国の空間認識はあくまで中国を中心にした「中国的」なものである。**図6**を参照されたい。世界・地域・近隣の三つの空間がいずれも中国を中心とした同心円上に位置する。なお日本は、日本を含めた地域と日本を含まない諸地域に地域外交を展開している。

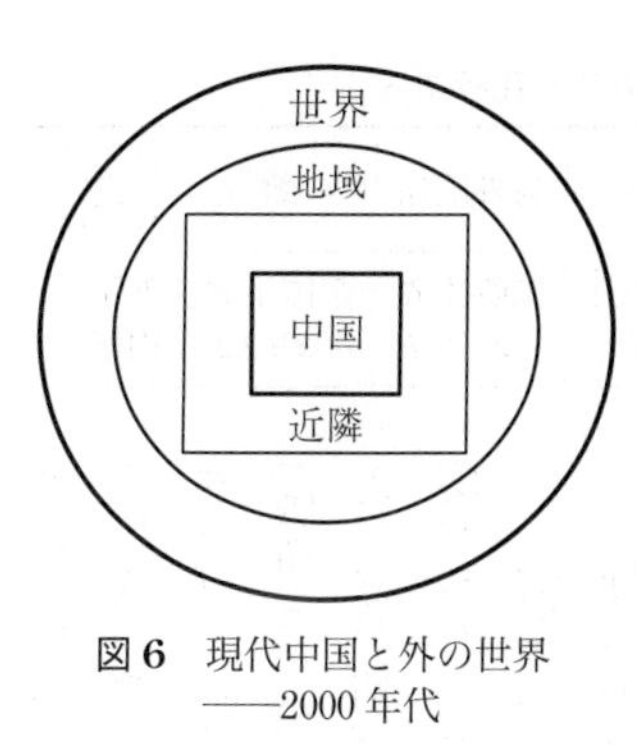

図6　現代中国と外の世界
——2000年代

【第五問】中国の外交、対外政策は国内政治・経済とどうリンクしているのか。前者が後者を決めるのか、あるいはその反対なのか。

一つの答えは、毛沢東時期と改革開放時期では異なる、というものである。毛沢東時期は国際関係に拘束された外交だったのに対して、改革開放時期になると、国内事情が対外関係を規定するようになった。かつて研究者たちは毛沢東時期の外交は内政や毛自身の革命ドクトリンによって支配されていた、と内政要因を強調する傾向が強かったが、「戦争と革命」という国際環境が中国の内政・中国外交全体を支配したと考えた方が納得がいく。毛沢東のロマンティシズムは外からの圧力への内的反応だったと考える方が合理的である。

【第六問】対外関係の面で、毛沢東時期・鄧小平時期・ポスト鄧小平時期は連続しているのか、あるいは断ち切れているのか。

とくに前三〇年と後三〇年では中国は一八〇度変わったとする議論が多い。**表5**を参照してほしい。

以上のように二つの時期を対比すると、鮮明な二者対立ができる。だが、二つの時期に共通するもの、連続するものを見落としてはならない。先に紹介した王緝思の中国外交思想の特徴は現代中国全体を通して観察できる。

また、たとえば、政策決定のメカニズムはどうだろうか。一九五八年に生まれた中央領導小組システム(トップにいる五～七人のリーダーによる、政策決

表5　2つの30年を比較する

	目標	価値	モデル	対外関係	敵	外交決定要因
毛沢東時期	革命	平等	自己犠牲	国際主義	帝国主義	外圧
改革開放時期	経済成長	富	蓄財	リアリズム	テロリズム	内圧

定・政策調整の機構。ほかに財経領導小組・外事工作領導小組・政法工作委員会などがある）による決定と調整のメカニズムは六〇年間変わっていない。党・国家・軍の三つの政治アクターが、党グループ・対口部・高級幹部を通じてみごとなトライアングルを作っていることも変わっていない（この点については毛里和子・二〇一二を参照）。しかし実は、政策決定のメカニズム、会議での議論、参加者、決議の仕方などが六〇年間秘匿されたままで、その不透明さに研究者は泣かされる。一九六四年に中国のトップリーダーと対日関係者が、将来の対日国交正常化に際して中国から賠償を請求することはしないと決定したというのが中国の「通説」である（第二章参照）。だが、その会議にだれが参加し、どういう議論を経てどのような決定が採択されたのか、明らかにされない。

以上、六点にわたって述べてきたように、中国外交は相当に「中国的」であり、中国独特の性格や特徴をもっている。とくに世界を四つのレベルから考察し、その総合のうえに対外政策を構築していくのは中国の悠久の歴史と深い関係があるのだろう。

ところで、中国外交がもっとも「中国的」であるのは、外交行為と軍事行為の関係についてである。現代中国は朝鮮戦争（一九五〇～五三年）、中印国境紛争（一九五九～六二年）、中ソ国境紛争（一九六九年）、中越戦争（一九七九年）など、何回か対外戦争もしくは国境を越えた軍事力の行使を行ってきた。だが、朝鮮戦争を除けばいずれも限定戦争であり、政治的目的を達成すると直ちに兵を引き揚げた。要するに、軍事行為の目的は決して敵の軍事的掃討や領土の拡大ではなく、あくまで政治的なものに限られている。中国の「戦争」については第八章に詳述してある。

第八章　外交行動としての軍事力行使

1　中国の対外軍事行動

三つのケース

中国は一九四九年一〇月の建国から今日まで、「国境を越えた軍事行動」を八回行っている。本章では、これらを「武力を使った対外行動」とみなし、対外政策の分析の対象とする。

①朝鮮戦争への参戦（一九五〇年一〇月～一九五三年七月。志願軍全部隊の朝鮮半島からの撤退は一九五八年一〇月）
②金門・馬祖島砲撃（一九五四～五五年）
③台湾海峡危機（一九五八年八～一〇月）
④インドとの国境紛争（一九五九～六二年）

⑤ソ連との国境紛争(一九六九年三月、珍宝島事件)
⑥南ベトナムとの西沙諸島をめぐる軍事紛争(一九七四年)
⑦ベトナム「制裁」のための限定戦争(一九七九年二~三月)
⑧台湾海峡に向けた軍事演習・ミサイル発射(一九九五年七月~九六年三月)

「国境を越えた軍事行動」を厳密に考えれば、このほかに、一九五〇~五四年の北ベトナム(ベトナム民主共和国)の抗仏戦争に対する人的・物的支援、一九六四~七五年にわたるベトナム(北ベトナム・南ベトナム解放戦線)の抗米戦争(いわゆるベトナム戦争)における人的・物的支援も含まれよう。しかし、このときの中国の立場は戦争当事者ではなく、戦争をしている「兄弟国」、「兄弟党」への「支援」であったことから、「国境を越えた軍事行動」には含めない。また、八ケースのいずれも、とくに資料・文献が決定的に不足している。そのためいまだ全貌が明らかでなく、政策当局者の意図を解明したり、政策決定過程を分析することはほとんど不可能である。

だが、手をこまねいているわけにはいかない。中国のリーダーたちは、直接的軍事行動を外交の一環として行う。軍事力を外交の道具として活用することを当然のこととして考えている節がある。だとすれば、外交分析に対外軍事行動を含めないわけにはいかない。ここでは、資料・文献の状況が比較的よく、先行研究も多いケース、朝鮮戦争への参戦、一九七九年のベトナム「制裁」のための限定戦争、一九九五〜九六年の第三次台湾海峡危機の三ケースを取り上げる。

本章の目的は、以下の四点を明らかにすることである。第一に、それぞれの対外軍事行動の意図はどこにあったのか。第二に、対外軍事行動に共通している特徴はなにか。第三に、その意図は実現できたのか。第四に、党・軍部も含めた中国のリーダーが「力の行使」をどのように認識しているか、「力の行使」それ自体が「外交」の一環である、と認識しているのか。

最初に、中国の論者が現代中国の武力行使についてどう認識しているか見てみよう。リアリストの閻学通（えんがくつう）（清華大学）は、M・マンコールやJ・アドラーマンを引用しながら、中国の安全戦略に伝統の影響はきわめて濃厚なこと、アヘン戦争から一九八〇年まで中国が「巻き込まれた」一一回の戦争（もしくは軍事衝突）のいずれでも、中国は領土を拡大したり敵を殲滅するためではなく、「主に決意を示し、敵を懲らしめること、もしくは自衛を目的にしていた、また、武力使用の場合「道義的規範」、つまり「不正義の戦争は必ず敗れる」という原理的思考が強い、この二つに伝統観念の強い影響が見て取れる」と指摘する（閻学通・一九九五）。本章の考察はこの閻の観点を支持するだろうか。

2　朝鮮戦争（一九五〇〜五三年）

揺れ動いた参戦決定

一九五〇年六月二五日、北朝鮮（朝鮮民主主義人民共和国）の金日成主席率いる人民軍が北緯三八度線を突破、南解放のための軍事作戦の端を開いた。同年一〇月から五三年七月に休戦協定が結ばれるまで、中国は朝鮮半島での「国際化された内戦」に、「人民志願軍」という名称を使ったとはいえ、正規軍で全面介入した。

朝鮮の「解放」、朝鮮戦争にどのようにかかわるかは、建国まもない中国の根幹を揺るがす重大事であった。解かれるべき謎も多い。金日成の対南進攻にゴーのサインを出したのはスターリンだったのか、毛沢東だったのか、あるいは両者の合意によるものだったのか。スターリンも毛沢東も米軍の即時全面介入を当初予測していたのか、「米国の大規模介入はない」と考えていたのか。中国が参戦を決定した目的は何か。中国が最終的に参戦を決断したのはいつなのか。中ソ（毛とスターリン）の戦略や認識は一致していたのか。一九五一年以降、停戦交渉を停滞させたのは米ソ中朝鮮のいずれだったのか、などなど、ソ連崩壊後極秘文書が出てくれば出てくるほど、実は謎は増えるばかりである。本節では、中国の参戦決定のプロセスと意図に絞って概略を示しておきたい。

中国の参戦決定プロセスは曲折している。毛沢東がこれほど逡巡と変心を重ねた決断も珍しい。朝鮮戦争についてもっとも緻密な研究をしている沈志華（華東師範大学冷戦史研究センター）の最新の研究、中国の新しい研究成果をふまえた曲星によれば、次のようなプロセスを辿った（曲星・二〇〇〇）。

毛沢東は、すでに一九五〇年七月の段階で、南の部隊を東北部に移し「東北辺防軍」を編制させ、有事に備えていた。だが、九月一五日、国連軍、実は米軍の仁川上陸後も、肝心の金日成は中国に出兵を求めなかった。金が中国に直接支援を求めてきたのは、国連軍が三八度線を越えた一〇月一日のことである。毛沢東が「出兵する」というスターリン宛て電報を書いたのが一〇月二日、しかしこの電報はモスクワに発せられることはなかったらしい。毛沢東は同日中央軍事委員会名義で、「準備工作を予定より早め、随時出動命令を待て」という電令を東北辺防軍に出したが、この日の政治局拡大会議で出席者のほとんどが出兵に反対もしくは懐疑的態度を表明したからである。内戦の傷が癒えていない、未解放地域がある、新解放区でも土地改革が終わっていない、解放軍の武器装備が米軍にはるかに及ばず、制空権・制海権をとれない、などが理由だった。一〇月五日の政治局会議は、志願軍の編制、入朝作戦の準備（彭徳懐を司令に）を決めたが、ソ連の軍事支援や空軍派遣を確認するため周恩来・林彪をソ連に送ることにした（曲星・二〇〇〇）。

一〇月一一日クリミアで周恩来とスターリンは、「準備できないので出兵しない」方向で合意し、金日成軍の北朝鮮放棄、東北での亡命政府樹立もやむなし、ということになった。周恩来の電報を受けた毛は一二～一三日に政治局緊急会議を開き、志願軍は出動する、だが装備や訓練が整った六カ月後から攻撃を開始すると決めた。この連絡を受けた周恩来はスターリンに中国が出兵すると伝達、スターリンは亡命政府うんぬんの金日成宛て電報を取り消し、あわせて二カ月～二カ月半以内にソ連空軍を中国領に派遣する、と伝えた（曲星・二〇〇〇）。二六万の志願軍が鴨緑江を越えたのは一〇月一九日のことだった。中国の「決意」を知ったスターリンは、ソ連空軍による後方支援を準備、一一月一日にソ連空軍機が鴨緑江を越えた（沈志華・二〇〇八）。なお、中朝国境、北朝鮮に派遣されたソ連空軍は戦争全期間で一二師団、空軍兵数延べ七万二〇〇〇人、五二年ピーク時には二万五〇〇〇～二万六〇〇〇人に達し、朝鮮戦争で無視できない役割を果たしたと言われる（沈志華・二〇〇〇）。

参戦から五三年七月の休戦まで中国が朝鮮半島に送った兵員は延べ二九七万人、後方勤務労働者は延べ六〇万人と言われる（二〇〇一年一月、徐炎・国防大学教授とのインタヴュー）。米軍・国連軍・韓国軍との戦闘は苛烈なものとなり、中国も大きな損傷を被った。志願軍の減員は三六・六万人、そのうち死亡が一一・五万人、非戦闘員も加えた中国側の死亡者は一七万人、消耗した作戦物資は五六〇万トン、戦費は合計六二・五億人民元（一九五〇年一年分の財政収入に相当）というのが中国の公式数字である（斉徳学・郭志剛・二〇〇七）。なお、一九五〇～五四年、中国は北朝鮮に七・三億元の無償援助を供与、休戦以降五七年までは経済回復のため新たに八億元の無償援助が追加されている（張清敏・二〇〇一）。

道義と安全保障

朝鮮への出兵で大変なコストを払うことになった。とくに台湾「解放」のチャンスを失したことは大きい。コストを覚悟しながら毛沢東が出兵を決断したのは、まず解放戦争を戦ってきた中国が朝鮮半島での「解放戦争」に反対するわけにはいかない、という道義的理由である。一九四九年五月北朝鮮の金一（人民軍総政治部部長）が金日成の特使として北京に来て朝鮮解放の支援を求めたとき、毛は、中国とソ連は北朝鮮の側に立つ、必要なら支援する、だが近い将来の南への進攻は、情勢がよくないし、中国が内戦中のため非現実的だと答えたという。おそらくこれが毛の本心だったろう。だが、一九五〇年五月一三日金日成と会談した毛沢東は、すでにスターリンが金日成の南進計画を了承したことを知る。この時の毛の気持ちを曲星は次のように推察する。「毛沢東自身、一九四五〜四九年、中国革命の進行に対するスターリンの二回にわたる干与に不快感をもっていた。〝己れの欲せざるところを他人に施す勿れ〟……毛は外国が中国革命の進行に口をはさむことを願わなかった。朝鮮が国内統一戦争をやろうというのにどうして反対できよう」。こうして、五月一五日の毛沢東・金日成会談で「いったん米軍が三八度線を越えれば中国は出兵するという黙契ができた」のである(曲星・二〇〇〇)。

軍事戦略的には、早期の先制戦争で、後にありうる大きな戦争を防ぐ戦略、いわば積極防御だった。出兵するかどうかで紛糾したに違いない一〇月一二〜一三日の政治局緊急会議では、中国が参戦せず、米軍が鴨緑江付近に進出、金日成部隊が中国東北部に逃げて亡命政府を作った場合どうなるか、その場合中国は全面的に戦争に巻き込まれる、だが将来東北部で中米の戦争が起こるよりも、ソ連空軍の支援がなくともいま打って出、米軍を朝鮮内に引き止めた方がよい、などの議論がなされたという(曲星・二〇〇〇)。

中国外交における対外軍事行動についてハつのケーススタディをしたクリステンセンも右の見方に近い。彼によれば、毛沢東がもっとも恐れたのは、朝鮮半島をとられ、半島全体に米軍の駐留が永久化することで、それを阻むべく「不承不承参戦した」のであり、毛沢東であれ彭徳懐であれ、彼らの考えは、後になって大規模戦争をやるよりは、短期的な戦争を今した方が被害はより少なくてすむというものだった(クリステンセン・二〇〇六)。

出兵決定のプロセスは「民主的」だった。もちろん毛沢東がイニシアティブをとっていたが、珍しく異論や反対論に耳を貸し、慎重に判断し、合意による決定に委ねた。だが、支払ったコストは余りに高く、出兵すべきだったかどうかは、今もなお答えの出ない難問である。曲星は、中国は朝鮮戦争に「巻き込まれた」との立場で叙述しているが、率直に次のようにいう。

「(朝鮮戦争について)人々は当然次のような疑問をもつだろう。当時中国にはこの戦争に巻き込まれないですむ方法が本当になかったのだろうか？　第二次大戦以来もっとも残酷な戦争に参加するため他国に軍隊を派遣する必要が本当にあったのだろうか？」(曲星・二〇〇〇)

3　中越戦争(一九七九年二月一七日〜三月一六日)

中越戦争

「ベトナムに制裁と教訓を与える」ために戦われた実質一六日間の戦争について、中国の公式年誌の説明を紹介する。

「二月一四日中共中央は、「ベトナムに自衛反撃し、辺境を防衛する戦闘についての通達」を出した。通達は、ここ数カ月来、ベトナムが中国領を侵犯し、村を破壊し、軍民を殺し、辺境地区の平和安定を破壊してきた、われわれは耐えに耐え、勧告し、警告してきたが馬耳東風だった、……中央は、繰り返し検討した結果、自衛反撃、辺境防衛の戦闘を進め、ベトナム侵略者に懲罰を加え、四つの近代化政策の順調な進行を守ることを決定した。二月一六日、中共中央は、北京で党・政・軍副部長クラス以上の幹部報告会を開き、鄧小平が中共中央を代表して、ベトナムに自衛反撃を行う問題についての報告を行った。……二月一七日、広西・雲南地区の辺境防衛部隊が命を受けてベトナムに対する自衛反撃作戦を行った。同日、新華社がわが国政府の命を受けて、ベトナム当局がわが国領土を不断に侵犯したため、わが辺境防衛部隊はやむなく反撃に出る、という声明を出した。……三月五日、わが辺境防衛部隊は命を受けて国境内に撤退した。同日、新華社がわが国政府の命を受けて、わが辺境防衛部隊は自衛反撃を迫られたが、所期の目的を達したので、本日、全部隊を中国領内に撤収させた、という声明を出した。三月一六日にはわが辺境部隊の全部隊が中国領内に撤収した。同日中共中央は、対ベトナム自衛反撃と辺境防衛の戦闘が勝利のうちに終結した、との通達を出した。……」(陳文斌ほか編『中国共産党執政五〇年 一九四九―一九九九』中共党史出版社、一九九九年)

一九七九年の中越戦争は、中国側の論理からすれば、自衛反撃であり、不当な侵略を行っているベトナムへの「制裁」であり、「教訓を与える」ための戦い、最初から一カ月と限られた戦闘だった。三月五日には撤収が始まっているのだから、実際は一六日間だけだ。一体何のために六万に上る中国兵とベトナム兵が命を失わなければならなかったのか。なお、K・C・チエンの詳細な研究は、一九七九年戦争による軍事的損傷は中越ほぼ五分五分だったという(**表6**)。

表6　1979年中越戦争による損傷比較

	中　国	ベトナム
死者	26,000	30,000
負傷者	37,000	32,000
捕虜	260	1,638

出典：King C. Chen, *China's War with Vietnam, 1979—Issues, Decisions, and Implications*, Hoover Institution, Stanford University, 1986, p. 114, Table 5. 1

中国のベトナム支援

そもそも中国は建国当初からベトナムの民族解放・南北ベトナム統一に深くかかわってきた。代表的な現代史家・楊奎松(華東師範大学)の論文から、一九五〇年代からの中国のベトナム抗仏戦争支援の状況を簡単に見てみよう(楊奎松・二〇〇二)。

一九四九年一二月ベトナム労働党のホーチミンが二人の特使を北京に派遣、中国に軍事幹部、三個師団の装備、一〇〇〇万ドルの支援を要請してきた。当時、毛沢東はモスクワにいたが、ベトナム援助工作の責任を負う劉少奇が羅貴波(中央軍事委員会辦公庁主任)を視察のため北ベトナムに派遣、毛沢東は最大限の支援を指示した。五〇年一月にはモスクワでスターリン、毛沢東、ホーチミンの間で党建設、統一戦線、軍事・外交などを協議し、中ソが分業してベトナムの反仏戦争の全力支援を約束した。その結果、中国は、韋国清を団長とする軍事顧問団を組織し、同年六月には羅貴波がベトナム側と何回も協議し、中越共同しての国境戦役の発動が決定される。国境戦役は、大勝利を得た。以後、ジュネーブ休戦まで中国は北ベトナムに対して、軍事援助のほか、一・七六億人民元に相当する物資援助を行ったという(張清敏・二〇〇一)。

なお中国の半公式のデータでは、一九五〇年から七八年援助を停止するまで、中国のベトナムに対する援助は、当時の国際市場価格に換算して二〇〇億米ドルに上り、ほとんどが無条件の無償援助だったという(薛謀洪ほか編・一九八七)。

ベトナムの中国不信——ジュネーブ会談

中越の「兄弟関係」にひびが入るのは一九五四年ジュネーブ会談においてである。ベトナム休戦についての中国の基本政策は「戦って和を促す」だったが、ディエンビエンフーの戦いでベトナム側が圧勝すると(一九五四年五月七日)、休戦方針について中越間に微妙なズレが生じた。五月二七日中国指導部(周恩来)が、ベトナム・ラオス・カンボジアの国境線を維持したままの即時軍事停戦を指示したのに対して、ホーチミンは了承したが、ファンバンドンらが、南北ベトナムの一挙統一、ベトナム・ラオス・カンボジア一括停戦を主張した。

ベトナムとの両党会談のため、周恩来はジュネーブから急遽帰国、七月二日から三日間広西柳州で両党会議が開かれた。「インドシナ問題はすでに三国とフランスの間の問題だけではなく、国際化している。これが肝心だ。この国際化状況は朝鮮戦争をはるかに超えている。……東南アジア全域に及ぶ」、「毛沢東も「うかうかすると一〇の国、六億の人口に影響する」と懸念している」、と周恩来はベトナム側を説得した。ホーチミン、ボーグエンザップらはこれを了承、「ジュネーブ会談に関する方案と交渉」と題された両党会談の決定は、一六度線での暫定的分断を盛り込んだものとなった。

だがファンバンドンは納得せず、周恩来は七月一二日にジュネーブに飛び、ファンと長時間会談、「米国の干渉の危険を軽視した朝鮮戦争の教訓などを挙げて繰り返し説得、ついにファンバンドンが態度を変えた」という。結局、「一七度線以南、九号公路十数キロの六浜河以北を軍事境界線とする」ことで決着した(曲星・一九八九)。

ジュネーブ会談は「中国の外交政策がイデオロギー一辺倒から国家利益、実務外交に向かう重要なポイントだった」と今日では中国の学者も評価する(楊奎松・二〇〇二)。おそらく、米国の介入、第二の朝鮮戦争化をなにより恐れたのだろう。だがここでの「一七度線分断」という決着は、その後中国のリーダーの「トラウマ」になったようで、毛沢東自身、一九六三年に、ジュネーブのインドシナ問題和平解決について兄弟党に何回も詫びたとされる(「毛沢東接見越南党政代表団談話記録」一九六三年六月四日、ウィルソンセンター)。また周恩来も、一九七一年七月米中秘密交渉を通報するためハノイを訪れたとき、レジュアンに「あなた方の前でお詫びをしたい。同志。私は間違っていた。この点で間違った」と述べたという(華東師範大学冷戦中国ネット・二〇〇五年六月二八日、ウィルソンセンターのブレティン)。

ベトナム側には強い不満が残った。中越戦争直後にベトナムが出した中国批判の「白書」（一九七九年一〇月）は、ジュネーブ会談での中国の立場を「ベトナム人民・ラオス人民・カンボジア人民の革命闘争に対する、中国指導部の最初の裏切り」と非難している（ベトナム社会主義共和国外務省編・一九七九）。また、同じ中越戦争後のレジュアンの党中央報告と伝えられる文書は、次のように中国を弾劾する。「われわれがジュネーブ協議にサインしたとき、周恩来その人がわが国を二つに分けた。……南ベトナムに対して何もさせないようにした。彼らはわれわれが立ち上がるのを禁じた。だが彼らはわれわれを阻めなかった」（ウィルソンセンターのプレティン）。

中越の二回目の分岐は一九七一年中国が対米接近に踏み切ったときに生じた。対米接近のひきがねは六九年国境紛争以後の対ソ緊張だが、ベトナムが六八年から中国の反対を押し切って対米秘密交渉（パリ）に入ったことも中国の対米接近の追い風となった。七一年七月、キッシンジャー補佐官は国務省にさえも秘密に北京に飛び、周恩来との五回にわたる緊張した会談を行った。七二年前半にニクソン大統領が訪中する、ニクソン政権第二期前半に国交を正常化する、とキッシンジャーは約束した。中国は対米交渉でベトナムの利益に反する取引を米国としたのだろうか。ベトナムを「裏切った」のだろうか。

米中接近

七一年七月会談、一〇月会談、七二年二月のニクソン訪中と合計三回の米中交渉は米国側の情報開示でほぼ全貌が明らかになっている。それによれば、インドシナ・ベトナムについての中国(周恩来)の立場は、ベトナムの問題に中国は介入しない、という線で一貫しており、米中交渉でベトナムの利益が直接的に侵犯されることはなかったが、ベトナムは中国に強い疑惑をもった。

周恩来はベトナムそして北朝鮮に神経を使った。キッシンジャーとの第一回交渉を終えるとすぐにハノイに飛びレジュアン、ファンバンドンと会見、米中会談の詳細を通報した。九月に北京を訪れた南ベトナム解放戦線のグエンチビン外相に、周恩来は次のように述べたとされる。「諸君はパリに行って米国と交渉している。私周恩来はワシントンに行ったことはない。彼らが中国に来るのだ。なぜ北京で交渉してはいけないのか。われわれが原則を売り渡すことなどあり得ない。ましてや友人を売るなど……」(曲星・二〇〇〇)。

また七一年一〇月キッシンジャーとの第二回交渉をすませると、一一月一日に北京にきた北朝鮮の金日成と会談、両国関係を調整し、一一月二〇~二七日には、ファンバンドン率いるベトナム党政代表団を北京に迎え、何回も会談した。ベトナム側はパリの越米秘密交渉について通報し、周恩来は中米関係についての中国側基本方針を説明している(『周恩来年譜』下)。七二年二月、ニクソンを送り出してすぐ周恩来は広西の南寧に飛び、翌日にはハノイでベトナム側に中米交渉を通報した。

中国が当時、ベトナムにいかに神経を使っていたかは、一九七一〜七三年に中国の対北ベトナム軍事援助が急増している点からも裏書きされる。七〇年以降に中ソ関係が緊張するなかで、中ソ間にベトナム援助をめぐる熾烈な闘いが繰り広げられる。七〇年九月、周恩来がベトナムのリーダーに最大限の援助を約束、翌七一年三月には、中共中央がベトナム援助増強方針を確定した。一一月、ファンバンドンとの間で援助協定が結ばれている。こうして、一九七一〜七三年の三年間、中国の対北ベトナム援助は、過去二〇年間の累計を上回る九〇億人民元に達したと言われる(李丹慧・二〇〇〇)。この間、中越間でしばしば援助協議が行われた。

だが、ベトナムは米中接近を「ベトナム革命とインドシナ革命を裏切り、世界の革命を裏切る露骨な転換点だ」と受け止め、「中国はアメリカにベトナムを売り渡した」、「中国は援助の人参を使った」と強い不信感を抱いた(ベトナム社会主義共和国外務省編・一九七九)。これが一九七九年の中越戦争の火種となった。

一九七九年戦争へ

一九七九年二月、対越「制裁」をした理由として中国が挙げるのは、第一に一九七四年以降、とくに七五年ベトナム統一以降のベトナムによる対中国境の侵犯、第二に、当時一〇〇万いたという在越華僑に対する圧迫が「辺境浄化」という名目で七七年から本格化したこと、第三が七五年以降のベトナムの「インドシナ連邦」計画である(曲星・二〇〇〇はインドシナ連邦への動きを第一の理由に挙げている)。七八年五月には中国はベトナムへの援助プログラムの停止を通知、六月には在ベトナムの三つの領事館を閉鎖し、関係は最悪になった。

「制裁戦争」の直接のきっかけになったのは、一つはベトナムのCOMECON加盟(一九七八年六月)、ソ連の対越武器支援の決定(同八月)、ソ越相互援助条約調印(同一一月三日)など、ソ越同盟の成立である。ソ越条約は第五条で、「締約国の一方が攻撃の目標になったり脅威を受けたりしたとき、両国はその脅威を除去するために直ちに協議し、相応の有効な措置をとって両国の平和と安全を保障する」と約していた。もう一つは、ベトナム軍のカンボジア侵攻(同一二月二五日)である。

ベトナムへの限定的制裁戦争がいつ、どこで、誰のイニシアティブで決定されたかについては、とくに資料が乏しく分からない。主に香港情報に依拠したK・C・チェンなどの先行研究、ジャン・シャオミンの研究をもとに、七八年末以降の決定のプロセスを見てみよう（ジャン・二〇〇五）。

ジャン・シャオミンの結論は、中越戦争はきわめて中国的特色をもつ戦争、地政学的原因とともに、「固い友情」で結ばれていたと信じていたベトナムの「裏切り」に対する報復措置であり、鄧小平が最終決断者だ、とする。そして、それを「気乗りのしない強制外交」と表現する。

第一段階は、一九七八年一一月一五日〜一二月一五日の中央政治局拡大会議（あるいは中央工作会議）である。会議は、ベトナムに対して懲罰性の戦争を行うという許世友（広東軍区司令）の提案を採択した。会議の終了に際して鄧小平は、ベトナム制裁戦争を説明し、ソ連の大規模介入はない、国際的孤立を避けられる、大勝利も大破壊もない、目的の七〇％を達せられればよい、と述べたという（一二月一三日。ジャンの典拠は、渡辺孟次・一九七九）。

七八年末から七九年初頭、復活したばかりの鄧小平は重大国事に忙殺されていた。平和友好条約批准のための訪日、タイ・マレーシア・シンガポール歴訪（一一月五〜一四日）、中央工作会議や三中全会の開催、国交正常化のための訪米などである。これらは改革開放を進めるうえで最重要の外交・内政課題で、対越懲罰戦争はこの合間をぬって行われたわけである。

第二段階はベトナムのカンボジア侵攻(一二月二五日)後、一二月末に開かれた中央軍事委員会である。鄧小平がベトナムに対する懲罰作戦を提案、すべての参加者が支持、鄧小平は許世友と楊得志を司令官に任命した。第三段階が一月二二日、鄧小平の自宅で開かれた会議で中央軍事委員会の主要メンバーが参集した。ジャン・シャオミンは、「この会議で対ベトナム作戦の最終プランや開戦日D-Dayが決まったのだろう」という(ジャン・二〇〇五)。

最終段階が開戦直前、二月八日に鄧小平が帰国、九〜一二日に鄧小平主宰で開かれた中央軍事委員会議(あるいは中央政治局拡大会議)である。会議は二月一七日に対ベトナム作戦を開始するとの指示を広州軍区・雲南軍区に出した。

こうして二月一六日、中共中央が北京で開いた党・政・軍の幹部報告会で、鄧小平が中共中央を代表して「ベトナムに対する自衛反撃問題についての報告」を行った(『中国共産党執政五〇年』および『鄧小平年譜』上)。鄧小平は、この戦争が、「東方のキューバ」に教訓を与えるものだと強調、リスクが大きすぎる、四つの近代化を滞らせる、非難される、みっともないことになる、などという顧慮を吹き飛ばすよう檄を飛ばしたと言われる(施華・一九七九)。翌一七日限定戦争が始まった。

中越戦争評価

この戦争は一体何だったのか。何を意図していたのか。目標は達せられたのか。曲星は次のように言う。①ソ連とベトナムが南北呼応しているのに反撃しなければ、四つの近代化に集中できなくなる、だから対越自衛反撃戦争は必要だった、②軍事闘争として戦略上可能だったし、政治的に見て適切で、中国の国家利益に有利だと判断した、と。またソ連については、③大規模介入はあり得ない、中規模なら対応できる、と判断した、④政治的にも対ベトナム制裁は国際世論の反発をそれほど買わない、という判断があった、とする(曲星・二〇〇〇)。

この限定作戦について鄧小平の生の声に近いものを紹介しよう。一九七九年二月二六日共同通信渡辺社長によるインタヴューである。ベトナムにどのような教訓を与えるのかとの問いに鄧小平は、「われわれは、戦果に重きを置いていない。目的は限定されており、ベトナム人に、彼らが思うように駆けずり回ることはダメだ、ということをわからせることにある」と明言し、さらにソ連からの攻撃がないと想定しているようだが、との問いには、「われわれの目的は限定され、時間も長くはないので、(ソ連の対中攻撃の)リスクを完全に排除できるわけではないが、大体大丈夫と思う」とはっきり述べている。また、「(このままにしておくと)中国人が軟弱に見られてしまう」という本音ももらしている(読売新聞一九七九年二月二七日)。

これで判断できるのは、まず中国の自衛反撃の目標が「懲罰を与える」というきわめて道義的なもので、かつ鄧小平の決意が固かったこと、次に米国の弱腰ぶりである。首脳会談でカーター大統領が鄧小平に反論していないだけでなく、訪米中鄧小平が、テレビインタヴューや上院議員との会談でもベトナム制裁について再三公言しているのに、カーター政権からも米国上院からも批判を受けることはなかった。米国は中国の対ベトナム懲罰戦争を黙認した。もちろん米国が当時とっていた米中戦略提携による対ソ対抗という大戦略のためである。

チェンは、対ベトナム制裁戦争は「慎重な、段階を踏んだ」プロセスで決定され、鄧小平のリーダーシップが決定的だった、まさに「鄧小平の戦争」だったとする。そのうえで、限定的能力、限定戦争だった点で、一九六二年の中印紛争とよく似たパターンであり、「中国式危機管理」であるとともに、制裁戦争それ自体が、一九四九年以降の北京の外交政策の代表的事例だとする。中国軍はベトナムに「教訓」を与えるために国境を越えた(チェン・一九八六)。

中国の戦略文化、軍／民関係文化、軍事組織文化から中国外交における軍事行為を分析したA・スコーベル(米国陸軍大学)は、制裁戦争それ自体を「強制力による外交」とみなし、「限定的に成功した」と見る。また、鄧小平のような最高指導者なしには起こり得なかった戦争、だが回想録などがこの戦争にほとんど触れていないことからも分かるように、朝鮮戦争とは違って、聖戦ではなく、あまり自慢できる戦いではない、とする。だが、権力の掌握と改革開放の推進を助けたという意味で、鄧小平にとっては失ったものより得たものの方が多い、というのがスコーベルの見方である(スコーベル・二〇〇三)。

また、北京の戦略思考を「機会の窓」、「脆弱性の窓」という視点から見たT・クリステンセンは、中越戦争は中国の武力行使のうち分析がもっともむずかしいとしながら、次のようにいう。この戦争には多分、①強制力を示す政治的メッセージ、②ベトナムのカンボジア侵攻を軍事的に阻止する、という二つの目的があった、だが要するに北京は、領土などの直接的目的のためではなく、むしろ政治的な理由から戦争というリスクを辞さないという象徴的事例を作った、という(クリステンセン・二〇〇六)。

「鄧小平の戦争」

さらにジャン・シャオミンは、「鄧小平の戦争」＝中越戦争について、①中国リーダーは一般に軍事力の使用について慎重かつ十分に計量する、②だが事が国家利益にかかわると判断するや、戦争のリスクを躊躇しない、③彼らは「軍事的勝利」の意味を、戦場での作戦上の成果というより、地政学的結果から判断する、とまとめている。中国からすれば、ベトナムへの政治的制裁ができたと判断できれば中越戦争は勝利した、ということになるのである。

ところで二一世紀に入って世論、とくにネット世論は、過去の中国の戦争戦略、戦後処理の「間違い」を厳しく批判するものが多い。以下に江程浩の議論だけ紹介する。

一九七九年の中越紛争はベトナムを懲らしめるというまったく非軍事的意図で戦端が切られ、半月後に「勝利した」中国はすべての軍隊を引き揚げた。「鄧小平の戦争」である。江によれば、中国は何の条件もつけず撤退し、戦略要地である高山老山などをベトナムに奪われ、結局それを取り戻すために数年後に再び戦わなければならなかった。「中国のベトナム出兵の目的はきわめて曖昧で、きわめて限定的だった。しかも当時のリーダー(鄧小平)の対外戦争観の影響を強く受けたものだった」というのが江の結論である(江程浩・二〇〇四)。

4 第三次台湾海峡危機(一九九五~九六年)

台湾海峡に向けた軍事演習

まず何が起こったのか。一九七九年一月、中国は「台湾の解放」ではなく「平和統一」を第一にする政策に転換した。一月一日全国人民代表大会常務委員会の名前で発せられた「台湾同胞に告げる書」は、台湾との間の通航・通郵および経済関係を呼びかけた。また同日、徐向前国防部長は、五八年から続いている金門・馬祖などへの砲撃を停止する、と発表した。この新台湾政策は、七八年末からの四つの近代化政策に呼応するものだった。

一九九五年まで中台関係は基本的に右の「平和統一」政策を基礎に比較的安定したものだった。九二年の「南巡講話」を機に鄧小平時代から江沢民時代に入るが、九五年一月三〇日の江沢民講話「祖国統一事業の完成のために奮闘せよ」は、平和統一、経済などの交流、平和統一のための交渉、「中国人は中国人と戦わない」など温和な方針を打ち出した(江沢民八項目提案)。

だが、台湾内部の状況は流動的で、九四年以来「中華民国台湾」の国際的認知のための李登輝「実務外交」が盛んになっていた。中台関係を変えたのは九五年六月、李登輝が母校コーネル大学を私的に訪問するという名目で訪米したことである。これに強く反発した中国は、七月二一～二六日、東シナ海公海上で地対地ミサイル六発の実弾発射訓練を実施、圧力をかけた。

九六年三月二三日の台湾での総統公選に照準を合わせ、三月八日から二五日、解放軍は前後して東シナ海、南シナ海海域と空域でミサイル発射訓練、海陸軍の実弾演習、台湾海峡での陸海空軍連合軍事演習をおこなった。中国軍事委員会副主席の張万年は軍事演習を参観、次のように激励している。「……われわれは一貫して平和的統一に努力するが、武力使用の放棄の約束は絶対にしない。もし外国勢力が中国の統一と台湾独立に干渉するなら、われわれは軍事手段を含む一切の手段を使って、断固として祖国統一を守り、国家主権と領土保全を守り抜く……」と(『中国共産党執政五〇年』)。

これに対して台湾側は澎湖島、馬祖島、東引島にミサイルを緊急配備、他方米国が三月一〇日に第七艦隊の二艦船の緊急派遣を通告したことで、一時台湾海峡はかなり緊張した(第三次台湾海峡危機)。中国は、「一つの中国、一つの台湾」で実質的な独立を進める李登輝が高い得票率を得るのを阻むために軍事演習で台湾を威嚇した。だが結果は、二人の親統一派候補が一〇%、一五%の票しかとれなかったのに対し、李登輝の得票率は五四%と予想を超える高率となった。この点では威嚇作戦は失敗したのである。

軍の圧力はあったか

一九九五〜九六年の中国の台湾威嚇の決定プロセスは謎だが、その目的が何だったのか、決定プロセスで党と軍の間に対立があったのではないか、などについてさまざまな見方がある。主に香港情報に依拠したビー(二〇〇二)、スウェイン(一九九六)の研究などで概観してみよう。ビーは当時軍と党(ないし政府外交部)の間で分岐があり、まだ不安定な権力基盤しかもたない江沢民が、軍の支持をとりつけるために、軍が求める対台湾強硬政策を採用した、という観点に立っている。

まず、ポスト鄧小平時期に移行しつつあった九〇年代前半、解放軍は対外政策や予算の配分をめぐって政治にかなり介入したようである。九四年三月の全国人民代表大会の際には、一〇〇名の「軍代表」が「国防費を一定のGDP比率に固定するよう」求める文書を提出、またとくに外交部(台湾問題辦公室)の台湾政策や対米政策が宥和的だとしばしば批判、銭其琛外相の罷免まで求めたという(ビー・二〇〇二、スウェイン・一九九六)。

一九九五年一月には、江沢民八項目提案と同時に軍が台湾海峡軍区にミサイル戦力を配備、五月クリントン政権が李登輝へのビザ発給を決定すると、国防相などが中央軍事委員会宛てに「米国の挑発に対して断固たる対応を、台湾への決定的手段をとる」よう求める書簡を出すなど、センシティブな反応をしたという。また軍関係者が開いた抗日戦争五〇周年記念シンポジウム(一九九五年六月二〇日)では、退役軍人が江沢民の対米・対台湾弱腰を批判、中共中央・国務院・中央軍事委員会宛てに、「台湾と米国に強硬姿勢を採用し、台湾問題を力で処理する」よう求めた書簡を提出したと伝えられる(ビー・二〇〇二)。

以上のような動きから、一九九五年から軍は世論の動員、中央への直接の働きかけなどの方法で、台湾・米国によりハードな政策をとるよう圧力をかけた、そして核心の人物は劉華清（海軍大将、中央軍事委員会副主席）だったとされる（ビー・二〇〇二）。

現在までの資料状況ではこれらの点を検証することはできない。だが、鄧小平体制から江沢民体制への力の移行期であること、九五～九六年、台湾内でこれまでにない新しい動きが生じていたことなどを考え合わせると、先行研究が主張するように軍が動いた、ということはあり得ることである。しかし、M・スウェインはこれとは違った見解をもつ。彼の基本的論点は次のようなものである。

①一九八〇年代末までは台湾政策は毛沢東・鄧小平など絶対的リーダーの手で完全にコントロールされていた。

②台湾についての政策の内容や決定構造が変わってくるのは一九九三～九四年、つまり鄧小平から江沢民への権力移行期である。政策決定の主体も、かつての台湾問題指導小組から政治局常務委員会、中央軍事委員会に移っていく。

③党・軍・政府のリーダー間では台湾政策について基本的合意があった。軍と江沢民・外交部の間に原則的対立があったと見るのは間違っているし、九四年以降の江沢民の権力掌握の事実を過小評価している（スウェイン・二〇〇一）。

決定にかかわる資料がまったく公開されていない以上、以上の議論に決着をつけることはできない。ただ、海峡でのミサイル演習で台湾を威嚇する戦略は一九九五年一月の江沢民八項目提案とは異なること、九四〜九五年、軍が政治的ロビーイングを派手に行っていることは事実で、九六年演習については軍もしくは一部軍人がコミットしている可能性は否定できない。軍は対台湾戦略以外に国防予算が増えないことにも不満だったようである。

一つの教訓——国防法へ

なお、海峡危機の翌九七年三月の全国人民代表大会で採択された国防法は、「中国の武装力は中国共産党の領導を受ける」とはっきり規定した。国法の中に党の指導を規定することに慎重だった中央が、なぜ軍隊に対する党の指導を赤裸々に規定したのか。「鄧小平後」、党―軍関係に不安があることが推察できるし、九六年の「危機」にそれが顕在化したのかもしれない。

軍事演習で台湾人の李登輝支持率はむしろ高まったし、日中関係で言えば、日本の対中世論の急激な悪化をもたらした（親しいと感ずるもの、日中関係を良好とみるものが七〇%から四〇%台に激減した。第三章の**図4**参照）。だが逆に、スコーベルがいうように、実際の戦闘なしに台湾の独立への動きを強く牽制した、台湾有事の際の中国軍のミサイル使用の可能性と用意を示したなど、「強制外交」、「先制外交」の効果を顕示した点も指摘しておかなければならない(スコーベル・二〇〇三)。

5　外交としての対外軍事行動

政治的行為

本章では三つの「国境を越えた軍事行動」を検討した。立てた問いは、対外軍事行動の意図はどこにあったのか、共通する特徴はなにか、意図は実現できたのか、党・軍部も含めた中国のリーダーが「力の行使」をどのように認識しているのか、などである。

朝鮮戦争で、中国のリーダーは再三躊躇した末、鴨緑江を越えた。軍事的決定について長い履歴をもつ毛沢東自身、これほど迷い抜いた決断はなかったに違いない。大きな犠牲を払っても軍事介入したのは、第一に、兄弟である朝鮮に対する「国際的義務」、第二に、米国が朝鮮半島を制覇すれば中国の安全が根本から脅かされるという安全保障上の懸念からだった。軍事戦略的には、初期段階で軍事的「決意」を示すことで、後の大規模な戦いを未然に防ぐ、というものだったろう。だがこの戦争で中国リーダーは決定的なことを学んだ。米国との直接対峙は絶対に回避する、米軍の全面介入を招くような戦略決定は絶対にしない、ということである。一九五四年、徹底抗戦を主張するベトナムを押し切ってジュネーブ会談で南北ベトナム分断の休戦協定を実現させたのは、インドシナ紛争の「朝鮮戦争化」をどうしても避けたいという強い決意からだったと思われる。五八年の金門・馬祖砲撃も、対米直接対決はしないという政治的メッセージであったろう。さらに六四～六五年、北爆でベトナム状況が最大の危機に陥ったときでさえ、中国リーダーは決してベトナムへの出兵は考えなかった。朝鮮戦争の経験は中国のその後の対外的軍事行動の枠組みを決めた。

「鄧小平の戦争」と呼ばれる一九七九年のベトナム制裁のための「自衛反撃戦争」は、当初から地域的・戦略的・空間的・時間的にきわめて限定されていた。この戦争の目的は、「裏切ったベトナム」への懲罰であり、ソ越による中国包囲を先制抑止することだった。軍事的目的よりも政治的・道義的目標によって戦われたのである。中華セントリックな伝統的国際秩序観を見てとることもできる。

一九九五～九六年、台湾に対する武力威嚇を北京のリーダーは軍事行動と考えて行ったわけではない。独立へと動く台湾、それを支持する米国に対して、中国の「断固たる決意」を示す政治的行為だった。ポスト鄧小平への権力移行期だったことも手伝って、現代中国の軍事的決定において、例外的に軍がイニシアティブをとった形跡が窺える。

二つの神話

クリステンセンは、朝鮮戦争、第一次台湾海峡危機、第二次台湾海峡危機、中印紛争、ベトナム戦争(一九六四～六五年)、六九年中ソ国境紛争、七四年西沙諸島紛争、七九年中越戦争という八つの「戦争」をケースに「北京の力の行使」を分析した。彼は、これらについて、機会の窓、脆弱性の窓というロジック、および予防戦争・先制戦争の戦略理論を援用している。その結果、北京の戦略的思考を、①もし力が近い将来行使されなければ、脆弱性という危険な窓が開かれ、ある目的達成のための機会の窓は永久に閉じられてしまう、という信念、②もし力が用いられなければ優越的敵はますます優越的になるという認識、③力の行使は、戦略問題の解決のためというより、戦略政策の長期設計のために行われる、対症療法というよりセラピーと言える、とまとめている。「多くの場合、脆弱性の窓が開かれ、機会の窓が閉じられてしまうと北京が考えたとき、中国の〝力の行使〟は行われた」、というのが彼の結論である(クリステンセン・二〇〇六)。クリステンセンのいう「先制戦争」は、中国の研究者のいい方を借りれば「積極防御」でもある。「中国革命は終始、敵が強く味方が弱い状況で戦われた。消極防御をやれば、革命勢力を大きくできないどころか、勢力保存さえおぼつかなくなる。多年の戦争経験をもつ将軍たちの脳裏には積極防御の観念が深く染みついている」(劉国新・二〇〇四)という性向は、鄧小平までの第一世代のリーダーに共通している。

一方スコーベルは、現代中国のリーダーは平和的で防御的だ、穏健な文人政治家がタカ派の軍からたえず圧力を受けている、文人が優位で武人が劣位にある、また武力によらざる国体問題の解決という中国史の伝統はいまも生き続けている、という「通説」に果敢に挑戦する。彼が選んだケースは、朝鮮戦争、文化大革命への軍の介入、一九七九年中越戦争、天安門事件と軍、そして九五〜九六年の台湾海峡危機の五つ、用いたのは「戦略文化」論からのアプローチである。結論として彼は、軍事に関する二つの神話(長城が象徴する平和的・防御的戦略、長征が象徴する軍人は文人に従属)はあくまで神話にすぎず、現代中国が採った軍事行動をみると、現実政治と儒教的伝統の結合であり、それが生み出す「防御崇拝」(中国文明はつねに防御的だとする信念)にほかならない、とする。そして、自分にとっては防御的でも、攻撃を受けるものからすれば決して防御的ではない、という事実を受け入れようとしない、という(スコーベル・二〇〇三)。

本章で分析したケースから言えるのは、第一に、中国は対外軍事行動を軍事的目標や領土拡張的目的のために行うわけではなく、つねに政治や道義（もちろん中国にとっての道義）が先行すること、第二に、軍事戦略的には、先制戦争（積極防御）戦略の発想が強い、第三に、ある政治的目的物を手に入れるために軍事的手段を使った方がより有効だと判断すれば、軍事的手段の採用を辞さない、ということである。端的に言えば、現代中国では「国境を越えた軍事行動」はあくまで外交の延長、政治の延長なのである。ただこれが第五代目のリーダー習近平の時代にも当てはまるかどうかは定かではない。

第九章　中国の変身とリアリズム

1　一〇年のサイクル

一九四九年に社会主義をめざす新生国家として誕生した中国の外交は、以後、ほぼ一〇年のサイクルで変化してきた。国家目標、外交を拘束する条件(外的環境か、国内政治か)、戦略論、国際システムへの態度(既存のシステムの変更を求めるか、現状維持か)、国際システムへの思想的接近(マルクス・レーニン主義からリアリズムまで)の変化を一〇年ごとで見てみると大変興味深い。中国外交が、基本的には時代状況(戦争・革命か、平和・発展か)によって大きく左右されてきたこと、自国のおかれた地位および国内状況に応じて国家目標を一〇年ごとに「調整」し、時代と環境に反応してきたことがよく分かる(**表7**参照)。

表7　中国外交60年間の推移

	国家目標	外交を拘束する条件	戦略論	国際システムへの態度	国際システムへの思想的接近
1950年代	革命	国際政治環境	向ソ一辺倒二つの陣営論	システム変更	マルクス主義
1960年代	革命	国際政治環境	向ソ一辺倒二つの陣営論	システム変更，反システム	従属論
1970年代	経済成長	国際政治環境	反ソ一条線三つの世界論	選択的システム変更	従属論
1980年代	経済成長	国内圧力-経済成長	独立自主	システム維持・活用	現実主義
1990年代	成長・大国化	国内圧力-経済成長	韜光養晦	システム維持・活用	新機能主義
2000年代	大国化・覇権	国内圧力・国際環境	戦略的パートナーシップ	システム作り	新機能主義 新現実主義

中国外交のリアリズム

九〇年代初頭、冷戦終了とともに中国は新しい戦略に乗り出す。根底には国際政治の戦略バランスを見極め、自らの力量も慎重に分析したリアリズムがある。

一つは、鄧小平の南巡講話に代表されるような改革開放と市場化のいっそうの推進である。それによってソ連のような崩壊を避けねばならなかった。もう一つは、対外的に隠忍自重戦略をとったことである。これが、八〇年代末に鄧小平が提起したとされる「韜光養晦」(前面に出ず、時機をじっと待つ)戦略である。

この戦略は、国内的には天安門事件で中国が国際社会で孤立し、世界的には社会主義が崩壊し「東」の世界が衰落したなかで生まれた。一九九〇年一二月二四日、鄧小平の「(昨今の混迷した国際情勢下で)第三世界の一部では中国が代表してほしいと求めているが、われわれは絶対に先頭には立たない。いいことが一つもないし、多くの主導性が失われてしまうからだ」という言葉が端的に「韜光養晦」戦略の核心をついている(『鄧小平文選』三)。銭其琛(当時外交部長)が九五年に、「鄧小平の〝冷静観察、沈着応付、穏住陣脚、韜光養晦、有所作為〟の二〇字の戦略方針」としてまとめ、「先頭に立たない」、「覇を唱えない」が九〇年代の中国外交を支配した(銭其琛・一九九六)。

だが、この「韜光養晦」が支配したのは一〇年余りで、一九九〇年代の末頃から中国外交は再び変わりはじめる。折しも改革開放政策が見事に成功し、東アジアにおける大国への道を歩み出した。この頃から、一段とイデオロギー、理想などから離れ、もっぱらリアリズムと国家利益の外交にシフトしていくのである。

国家利益と核心的利益

五〇年代〜七〇年代、中国の外交思想に国家利益の観点はなかった。国際主義と貧しい第三世界との連携が中心だった。九〇年代後半、国家利益論を振りかざし、中国の国際政治学界に登場してきたのが閻学通(清華大学)である。彼はマルクス主義からも、国際主義からも自由に、生き物のように利益を求めて動き続け、その利益を拡大していこうとする国家の意志を論じた。彼の論点は次のように整理できる(閻学通・一九九六)。

*国家利益に階級性はない、どの国も利益を求める
*国家利益と個人利益は統合される
*国際利益は国家利益の変型したものでその延長線上にある
*国家利益は時代、国家の行き方によって変化する、また対外活動が拡大すれば国家利益も拡大する
*国家利益は国境内に限定されない
*国家利益には、緊迫・重要・次要の区別がある
*国家利益の種類には、経済利益、政治利益(主権や権利)、文化利益(民族のアイデンティティなど)などがある

中国の国際政治学界は閻学通理論をめぐってしばらく活発な議論をした。当初は批判的なものが圧倒していたが、またたく間に国家利益論が大勢を制した。以来、彼の国家利益論は政府

の公式政策の芯となっていく。

この徹底したリアリズムを敷衍すれば、中国が拡大し、世界に進出すればするほど守るべき国家利益は拡大する。一九世紀末に日本で山県有朋などが生命線論、利益線論を主張し、軍部が生命線、利益線を守りきるために軍事行動を拡大し、ドロ沼の戦争に入っていった史実は周知のことである。闇の議論は、日本軍部ないしドイツ・ファシズムの軍事理論を想起させる。

その後「核心的利益」論が登場した。二〇〇九年七月、戴秉国・国務委員は米中戦略経済対話で以下三点の核心的利益を語った。

①国家主権と領土保全。具体的には、台湾問題、一つの中国原則、チベット独立運動問題、東トルキスタン独立運動問題、南シナ海問題(九段線・南海諸島)、尖閣諸島問題

②国家の基本制度と安全の維持

③経済・社会の持続的で安定した発展

二〇一一年九月「平和発展白書」では「核心的利益」とは次の六つだ、とはっきり定義している。①国家の主権、②国家の安全、③領土の保全、④国家の統一、⑤中国の憲法が確立した国家の政治制度と社会全体の安定、⑥経済・社会の持続的な発展の保障。

尖閣諸島、東シナ海、南シナ海など具体的地域を名指しで「核心的利益」とすることは避け

ているが、二〇一三年四月二六日に外交部の華春瑩副報道局長は初めて尖閣を「核心的利益」だとこう述べた。「釣魚島(尖閣諸島)の問題は中国の領土主権に関係している。当然、中国の核心的利益に属する」。中国が尖閣諸島を、妥協の余地のない国益を意味する「核心的利益」と公式に呼んだのは初めてである。なお指導部内で尖閣を核心的利益とするかどうかで議論がある、と伝えられる(『チャイナ・ウォッチ』二〇一三年四月三〇日)。

2　中国外交論

タカ派の議論

中国はいま公式外交で「核心的利益」論に立ち、リアリズムと力の外交を選択している。今日の中国がもっとも守るべき真の核心的利益とみなしているのは、なかでも国家主権、領土、現行の政治体制(レジーム)の三つだろう。

この「核心的利益」論自体、ウルトラ・リアリズムといわざるを得ない。だが、中国の国際政治学界で勢いづいているタカ派の論客はもっとリアリストである。閻学通の議論を紹介しよう。

彼は二〇一一年時点から韜光養晦論はもう時代遅れだ、とはっきり言う。「中国の学者では「韜光養晦」の堅持が主流で、私は非主流。中国はもう「韜光養晦」を採用すべきではない。……中国が世界第二の超大国になり、（いまや韜光養晦の）弊害は大きくなっている」と言う（日本経済新聞二〇一一年一月一三日）。なお、同日の同紙でリベラルな国際政治学者・王逸舟（北京大学）は、「中国の基本的な方向は覇権を唱えず、トップに立たないことだ。……「韜光養晦」放棄を主張する人は強硬派で、私は国際派だ」と反論している。

とくに閻の日本論は厳しい。二〇一四年四月一一日の朝日新聞とのインタヴューで閻は、いま中国には四つのタイプの二国間関係があると述べているが①友好・協力の関係（ロシア）、②普通の関係（独仏など）、③新型大国関係（米国）、④対抗の関係）、その中で、日本だけを対抗の関係に位置づけて私をびっくりさせた。中国の言論界で日本を対抗関係のなかで捉えると公言しているのは彼だけではないだろうか。

また同年末、閻は、台頭する中国が直面する外交的ジレンマのうち、とくに対日関係を取り上げ、「中日間の戦略矛盾は米国がいなくとも存在する。米国の介入、不介入の如何にかかわらず、中日間に固有の戦略矛盾がある」と論断し（閻学通・二〇一四）、日本との戦争の可能性については次のように言う。「日本の軍部に……権限拡大の要求が強く出ている。釣魚島で衝突が発生したとき、もし軍に決定権が与えられれば、非常に危険だ」。ただし、中米の間で核抑止がきいているので中日間の戦争の可能性は少ない、ただ、「安倍首相の在任期間には中日関係改善の可能性は非常に少ない。最大でも今のレベルを維持するだけだろう」とリアリストぶりを発揮している(日本経済新聞中文ネット二〇一六年三月二九日)。

また閻は多国間の協議より、二国間関係、とくに同盟関係を好む。盟友国の領土内に中国の軍事基地を作るべきだ、経済援助より軍事援助の方が効果的かつ効率的だ、と公然と主張する(閻学通・二〇一六)。彼の念頭にはパキスタンがある。

中国の国際政治学界で国家利益をめぐる議論がピークになるのは一九九九～二〇〇〇年にかけてだが、結果、リアリストが優位を占めるようになり、中国の公式ラインを支配する。二〇〇四年から〇五年にかけては、拡張する海外利益をどうやって守っていくか、をめぐって国際政治学者が熱心に議論した。その間、二〇〇二年の第一六回党大会が「走出去(外に出て行く)戦略」を初めて提起し、今後は海外に向けて資本と財、ひいては多国籍企業を展開する戦略へと転じた。二〇〇四年七月の在外使節団会議では胡錦濤主席が在外利益の保護能力を強化するよう提起し、同じ頃、外交部に局レベルの渉外安全事務局を設置し、活動をはじめた。二〇〇八年一二月には中国海軍がソマリア沖で海洋権益を保護せよ、というデモを行った。

国際政治学者の門洪華(同済大学)らは中国が海外利益を拡大するなかで、拡張する国内外の諸利益を確保するための外交活動を強化せよとの論陣を張った。門によれば、海外利益は国家利益の延長線上にある、利益の核心なのである。そして渉外利益には、海外政治利益、経済利益、安全利益、文化利益などすべてが含まれる(門洪華・鍾飛騰・二〇〇九)。

ハト派の日本論

もっとも、ハト派がいないわけではない。先に紹介した王逸舟はリベラルの代表だし、王占陽(中央社会主義学院教授)は、日本論についてのタカ派の議論、また侵略者論一辺倒を批判し、次のようなソフトな日本論を展開している。

「日本認識で長い間方法論的誤りがあった。そのため日本は再び軍国主義国家になるという誤解につながった。日本に住んだことのある中国人はみな、日本が軍国主義の道を再び歩むとは考えておらず、日本が平和の道を歩むというのが本当の姿だということをよく知っている」

また、「第二次大戦後、日本の道を決する要素がすべて変化した。平和主義、民主法治、経済要請、財政的構造、米軍の駐留、中国の崛起などのために、日本は軍国主義の道を再び採用することができなくなっている」。また日本では内政と外交が密に絡んでおり、日本外交は内政が決めている、今後も日本は軍国主義の道を歩まないだろう、というのである(王占陽・二〇一四)。

さらに在日の中国人研究者姜克実(岡山大学)は、歴史教育のあるべき姿について日中双方に問題提起をしている。彼によれば、日本の学校での歴史教育は断片的事実を教えるだけで、歴史を構造や因果として教えないという欠陥をもち、平和教育では原子爆弾や沖縄戦などの被害事実の教育に偏っているなどの問題があるとする。他方中国の歴史教育も、すでに戦争から四世代もたっているのに戦争への恨み、憎しみをますます強く教育している、実は中日ともに必要なのは正確な歴史事実を教えること、「青年たちが記憶すべきは歴史の怨恨ではなく、歴史の事実だ」というのである(姜克実・二〇一七)。

長らくヨーロッパで外交官を経験した呉建民(中国外交学院院長、二〇一六年死去)も、二〇一〇年以来中国を席捲するポピュリズム、排外的ナショナリズムにはきわめて批判的である。彼によれば、狭隘な民族主義の表現は二つある。一つは、中国が国際協調レジームの犠牲者だと主張、もう一つは、鄧小平が主張した「紛争を棚上げし、共同開発する」のような考え方に挑戦し、武力での解決を提唱するなどである(呉建民・二〇一六)。

また丁咚(フリーの政治評論家)は、いまの南シナ海・東シナ海をめぐっての中国の(攻撃的な)政策は、鄧小平の「韜光養晦」を否定し野心勃勃の外交と国防政策を展開するものだ、強硬な政策をとるがその結果について備えはできているのだろうか、「東亜の結盟」などを提唱する人がいるが、東アジア諸国間の相互不信感はきわめて深く、和解はむずかしい、と(丁咚・二〇一六)。

だが、こうしたハト派の主張は感情的ネット世論によって売国奴などと一蹴され、排斥されてしまう。

3　転換点としての二〇〇九年

対外使節会議

さて、中国専門家の間では、二〇〇九年から一〇年にかけて中国外交が強硬姿勢に転じたとする論調が多い。その表現として取り上げられるのが二〇〇九年七月に北京で開かれた対外使節会議、そこでの胡錦濤講話である。まず日本の清水美和の議論を紹介しよう。なお、『人民日報』二〇〇九年七月二日によれば、この会議の出席者は、政治局メンバー、国務委員・外相・外務次官のほか、各国駐在大使・総領事、国際機関の代表、中央国有企業責任者、一級行政区の外事責任者で、戴秉国、楊潔篪、王光亜などが演説していた。軍関係者が出席しているかどうかは確認できない。また胡錦濤講話の一部が公表されている。

この対外使節会議では胡錦濤主席が従来の穏健路線(韜光養晦)に代えて、チャンスが到来した、「積極的にやるべきことをやる(積極有所作為)」、「大国外交を展開せよ」、周辺諸国に対しては地勢学的戦略拠点を構築すべきだ、などの積極姿勢への転換を提起したという(この部分は清水美和・二〇一一)。

また清水は、胡錦濤のこの積極攻勢の背景について、中国の著名な国際政治学者・金燦栄(中国人民大学)による二〇一〇年一〇月の東京での講演を紹介している。

「第一にリアリストの学者たちから宥和外交が国益を損なっているという批判が出ていた。第二に中国の国家権益が海外でも増えており、その保護が必要だという現実がある。第三に国内に「利益集団」が存在しており、外交上の安易な妥協が国内政治上、受け入れられないことがある」。さらに、金燦栄は、中国の三大国有石油企業が利益集団として突出していると次のようにいう。石油企業の「外交への影響力が比較的、突出しており、海外に会社として投資するが、投資の後は(海外権益の)保護を外交部に要求する。この状況は中国では「一つの会社、二つの制度」と呼ばれている」と(「二つの制度」とは、「資本主義のもとで大いに儲け、社会主義のもとでリスクを避ける」ことをいう。清水美和・二〇一一)。

利益集団については次の第4節で分析するが、それが外交を大きく左右した例として指摘されるのが、二〇〇八年六月の東シナ海のガス田共同開発で日中が合意したところ、軍などから外交部にたいする強烈な反対が出てきた事例が挙げられる。ガス田についての日中合意では、日本が主張する中間線を跨ぐ北部ガス田の共同開発を進めることで合意、と同時に、すでに中国が開発していたガス田「春暁」(日本名は白樺)に日本が出資することも含まれていた。

これに対して中国国内で猛烈な反発があったという。「春暁」は中国が手をつけてすでに操業直前になっており、中国海洋石油公司も日本の出資は必要ない、としていた。反対が表面化したのはインターネットなどだけだったが、石油関連の利益集団が党・政府・軍内で猛烈な圧力をかけたらしい。一八九五年の下関条約(日清戦争の敗戦で清国が日本に台湾を割譲した)以来の売国外交と非難する声すら出てきたという(清水美和・二〇一一)。

また米国の穏健な中国研究者であるD・シャンボーも、二〇〇九年から一〇年末にかけて、「中国政府は地域と世界全体の両方で、強硬姿勢に戻った。攻撃的なレトリック、政策上の意見対立、二国間と多国間の対決姿勢などが形となって現れた」と指摘する。きっかけとなったのは、強烈な中国愛国主義、金融危機のさなかにある欧米と違って成長を続ける中国の姿、フィリピン、ベトナム、日本など近隣諸国との領土紛争だった、という(シャンボー・二〇一五)。リベラルな王緝思も、二〇〇九年七月の胡錦濤「中国外交に対する重要演説」以来、中国外交が強硬になってきたことを強調している。二〇一〇年一二月戴秉国(国務委員)の核心利益についての解説(核心利益の第一は中国の国体・政体と政治安定、つまり共産党の指導、第二が主権安全・領土保全・国家統一、第三が持続的経済発展)が強硬姿勢の一つの表現である、と言う(王緝思・二〇一六)。

海洋権益

以上、決定的証拠は見つからないものの、確かに二〇〇九年七月の会議前後から中国の対外姿勢はこれまでになく攻勢的になる。二〇〇九年一二月のコペンハーゲン第一五回気候変動枠組条約締約国会議では、温暖化ガス削減の数値目標を課せられるのを避けるため先進国と対決する強硬姿勢を示した。また、二〇一〇年三月、中国外交部は米国国務副長官に南シナ海の海洋権益を新疆などと同じ「核心的利益」と主張、米中関係を緊張させた。もっともはっきりした強硬姿勢の事例は、すでに述べたように、東シナ海の油田開発についての日中合意に抵抗する軍がリードする強硬路線である。

少しさかのぼるが、二〇〇八年一二月には、海洋権益拡大と日本への対抗を強調し、海洋管理の権利独占を狙っているという中国国家海洋局の中国海監総隊の艦船が、尖閣諸島周辺の日本の領海を徘徊する事件を引き起こしたが、これについては、政府や党中央の指示ではなく、現場の海監総隊の独断専行だったという観察も多い（清水美和・二〇一一）。

なお、米国で中国の左派でタカ派として著名な張文木（北京航空航天大学）が海洋主権が核心的利益だと主張する『中国海権』（海軍出版社）を刊行したのも二〇〇九年である。張文木の基本的な観点は、国際社会最大の矛盾は「資源の絶対的有限性と資本の絶対的無限性の間の矛盾だ」、というように、地政学である。彼は言う、中国にとって最大の安全保障問題は台湾問題であり、台湾問題の核心は日本、したがって中国にとって中日が第一矛盾だと。また、「釣魚島の回復と台湾の統一は中国が絶対に譲れない核心利益だ。同時に、中国が米国の封鎖を突破するかどうかの鍵の問題だ」、「東シナ海問題の本質は日本問題、南シナ海問題の本質は米国問題だ」とする彼の考える中国の夢は、東海艦隊、南海艦隊、北海艦隊の三大艦隊を一つにして「西太平洋艦隊」を作りあげることなのである（張文木・二〇一五）。

4　利益集団

まず、国際市場での中国企業の位置を確認しておこう。中国の巨大企業の「渉外利益」を見ておきたいからである。次頁の**表8**はフォーチュンから得た情報で、二〇一六年の世界企業一〇傑である。中国企業が上位に三つランクインしている。三企業ともに従業員二〇万人を超える中国最大の国有企業だ。石油系が圧倒的に強い。

石油系企業と兵器産業

中国の石油・エネルギー関連企業は以下の三社でいずれも華々しく海外に展開している。

＊中国石油天然ガス集団　　ＣＮＰＣ
＊中国海洋石油総公司　　ＣＮＯＯＣ
＊中国石油化工集団　　ＣＮＯＰＥＣ

あとで紹介するように、中国の巨大企業と外交の関係で懸念されるのは、巨大石油関連企業が外交に介入しているだけではない。巨大軍事企業（中央および地方の国有企業）が兵器の生産、

表 8 世界の巨大企業 10 傑(2016 年)(2016 世界トップ企業 500 から．米国 134，中国 108，日本 52)

16 年順位	09 年順位	企業名	本社	業種	売上高(100 万ドル)
1	3	ウォルマート	米国	小売業	482,130
2	15	国家電網公司	中国	送電	329,601
3	13	中国石油天然ガス集団	中国	石油	299,271
4	9	中国石油化工集団	中国	石油	294,344
5	1	ロイヤルダッチシェル	オランダ	石油	272,156
6	2	エクソン・モービル	米国	石油	246,204
7	14	フォルクスワーゲン	ドイツ	自動車	236,600
8	10	トヨタ自動車	日本	自動車	236,592
9	253	アップル	米国	電機	233,715
10	4	BP	英国	石油	225,982

出典：*Fortune*, 2016/07/21

販売、輸出に関与し、しかもそれを独占していることである。

こうした企業の前身は機械工業部で、その後には核工業総公司、航天工業総公司、航空工業総公司、船舶工業総公司、兵器工業総公司に企業化された。一九九〇年に北方工業総公司を母体に中国兵器工業総公司が生まれ、一九九九年にこの兵器工業総公司を母体に兵器装備集団公司が生まれた。南方工業総公司と通称される企業である。

兵器工業総公司(北方)は従業員三〇万人をかかえ、中国兵器装備総公司(南方)は二〇万人をかかえる巨大企業だ。兵器生産という性格、巨大さと独占によって絶大な権力権限をもっていると推察される。なお、二〇一〇年時点で兵器生産に独占的に携わる巨大企業は、核工業集団公司、核工業

建設、航天科技、航天科工、航天工業第一、航天工業第二、船舶工業、船舶重工業、兵器工業(北)、兵器装備(南)の十大公司である。

ちなみに中国の兵器輸出を見てみよう。スウェーデンのストックホルム国際平和研究所(SIPRI)が発表した兵器取引に関する報告書によると、二〇一一〜一五年の中国による兵器輸出量は二〇一〇年までの五年間に比べて八八%増加した。輸出量は世界全体の五・九%を占め、世界で米国、ロシアに次ぐ第三位を占める。米国とロシアと中国の輸出量が顕著に増加している。なお、中国の兵器輸出の大半はアジアとオセアニア向けである。パキスタンが三五%、バングラデシュとミャンマーがそれに続いているという。ちなみに、中国の二〇一五年の国防予算は公表で前年比一〇%増加の八八六九億元(約一四一四億五〇〇〇万ドル)である。この二〇〇四年からの一〇年間で四倍の伸びを示している(『チャイナ・ウォッチ』二〇一六年二月二二日)。

利益集団

ところで、領土・領海問題で軍を含む利益集団の姿がちらつくのは九〇年代初めからである。西倉一喜(共同通信)は内部情報を使って、九二年に全国人民代表大会で領海法を採択するときの激しい内部抗争を紹介している。第五章第1節で述べたように、九一年一一月から外交部が作成した領海法原案について全人代の法制工作委員会で激しい議論が闘わされた。領海法の「領土」の表記中に釣魚諸島を列挙するかどうかである。結局、外交部など穏健派は、法制工作委員会では「台湾および釣魚諸島を含む付属の各島」を領海法に記入するという軍部系列の主張に全面的に屈伏した、と言われる。なお九六年、台湾での李登輝総統選に圧力をかけようと実施した台湾海峡でのミサイル実験をめぐっても、外交部は実力行使を主張する軍など強硬派から厳しい批判を浴びせられた、と伝えられる(第八章第4節参照)。

九〇年代後半から利益集団が動き始めた。リベラルな社会学者である楊帆(中国政法大学)は二〇一〇年頃、国家独占資本・国際資本・民営資本の三大利益集団が生まれつつあり、また、国有企業改革のさなか、中国国際資本と国際覇権国は中国に代理人をおき、訓練・出国、共同研究などの方式で中国の学術界や各部門の政策決定に大きな影響力を行使していると懸念を示した(楊帆・二〇〇九、楊帆ほか・二〇一〇)。

中央党校に所属する鄧聿文(とういつぶん)は、二〇一〇年代、中国には次の七つの利益集団がおり、改革の足をさまざまに引っ張っている、と分析している(鄧聿文・二〇一三)。

＊中央政府部門・官僚

＊地方政府・その官僚
＊国有独占企業、とくに中央企業、地方重要企業とそのトップ集団
＊多国籍資本・その国内代理人(洋買辦)
＊土地不動産開発業者
＊大型民営企業
＊上記各集団にくっついている専門家や学者

また、陸学芸などの社会学者は、新興の資本集団が知識人エリート集団、新興の権力集団と手を組み、「鉄の三角形」を作って悪性膨張しつつある、と批判、次のようにいう。「中国の電力、交通、電信、エネルギーなどの独占企業が長期にわたり公共資源にあぐらをかいて利潤を独り占めし、社会が分かち合うべき成果を部門の利益に変え、高収入、高福利を享受している……基幹産業を牛耳る国有独占企業が特殊利益集団と化し、その代表である特定の指導者を通じ内外政策を左右する弊害(が出ている)」と指摘したという(清水美和・二〇一一)。

利益集団の外交介入

では、これら利益集団が外交にどう関わっているのか。情報、データがほとんどないが、以

下に四つの事例を紹介しておこう。

①王逸舟は次のように警告する。一部大型企業の海外行為は政策の規定を外れ、外交方針に合致していない。外交を邪魔しその負担となっている。かつて米国で石油資本など巨大な利益集団がCIA、軍隊、外交資源を使って「国家を拉致する」ことがあったが、中国でもその気配が見える。警戒すべきだ(王逸舟・二〇一四)。

②二〇一二年に世界銀行と国務院発展研究センターとの共同レポート「中国二〇三〇年──市場化を推進せよ」という報告書ができた。「五〇人エコノミスト」など改革派がリードした当初の草案に対して国有企業の総元締め機関たる国有資産監督管理委員会(国資委)が猛烈に抵抗し、工業生産での市場化のシェア(二〇三〇年目標数値)を三〇%から一〇%に下方修正させた。

③二〇一二年七月一八日、中国海洋石油総公司(CNOOC)が南シナ海のベトナムとの係争海域で外国企業との共同開発計画を提示(初めての事例)。中国の海外経済活動についての政策転換ではないか、と注目された(青山瑠妙・二〇一三)。

④海南省が二〇〇三年から積極的に海洋強国戦略を提起して活動している(石油資源開発、漁業、観光事業など)。二〇〇六年に全国人民代表大会の海南省代表(海南省長はもとCNO

OC社長)がもと海軍副総司令の張序三と「海洋強国プラン」を共同提案、石油天然ガス企業の誘致などの活動をし、また「南シナ海海洋権益強化と擁護に関する宣言」を出すよう全国政治協商会議に圧力をかけたと伝えられる(青山瑠妙・二〇一三)。

すでに紹介したように、中国企業の海外活動に注目している朱鋒(南京大学)は次のような危機感を表明している。

「中国石油化学集団公司のように国有の大企業が自分の利益のためにより広い国家利益を損なっている。この種の国有企業は巨大な利益集団になっており、スーダンにおける中国外交の利益をハイジャックしつつある。私はそれを大変懸念している」(フィナンシャル・タイムズ二〇〇八年三月一六日)

以上のように、中国外交は巨大石油企業から、それ以外にもさまざまな利益集団からの介入にさらされている。国家・政府の外交権限はそれだけ弱く、また揺れも多くなると考えられる。

右に述べた海南省の事例が示すように地方政府は最大の利益集団である。二〇一一年のある文献によれば、全般的に地方政府が「公司化」しており、膨大な利益をむさぼっているという。

「本来の地方政府は、社会管理と公共福利を職能とし、社会の公共利益の製造者であり、守護神である。だが、中国の一部の地方政府は、市場のコントロールがきかない大公司と

なっている。……地方政府は内在的に拡張衝動をもつ」(宮希魁・二〇一一)
利益最大化、財政収入の増加を熱望している地方政府、海外資産を増やしたい石油関連の大国有企業、「強い軍隊」と力による外交に動かされやすい軍。この三者が一体となり軍産地複合体として外交に介入する。この可能性を常に秘めているのが昨今の中国外交である。

5　中国新外交の特徴

多元化する国際政治観

さて、本章を閉じる前に、中国の国際政治観が最近、多元的になっている状況を紹介し、それを踏まえて中国外交の近未来を考えてみよう。

D・シャンボーは二〇一五年時点で、中国の国際アイデンティティについての中国知識人の見方を次の七つに分別している。

第一に、排外主義。シャンボーはこれを新左派の外交版と位置づけている。九〇年代に出た宋強などの『ノーと言える中国』がその先鞭をつけた。二〇〇九～一〇年にベストセラーになった宋暁軍や王小東など五人による『不機嫌な中国』(中国不高興)がその代表である。房寧(社会科学院政治学研究所)もこのグループに入るのかもしれない。

第二に、現実主義。断固とした愛国主義だが、前者よりはプラグマティックで排斥的ではないという。二〇〇八~〇九年の国際金融危機が中国におけるこのグループを活気づけた。閻学通(清華大学)、沈丁立(復旦大学)、張睿壮(南開大学)などがこのグループの代表で、中国の国益を狭くまたきわめて利己的に解釈するという。解放軍およびその保守的将軍たちが支持基盤のようだ。

第三に、「主要国主義」とシャンボーが名付けるグループ。中国を大国と位置づけ、大国間のパワー・ゲーム(格局)で中国および中国外交を考える。熱心な「中国モデル」の首唱者となっている潘維(北京大学)、馮玉軍(現代国際関係研究院)など、昨今は対米協調よりもロシアとの連携を強める傾向が強いという。

第四に、アジア第一主義である。中国外交をもっとも近い周辺およびアジア地域に集中させようとする。中国がアジアをパートナーとして重視し始めたのはようやく九〇年代も後半からである。朱鋒は「どんな大国でも自分の庭は自分で守らなければならない」と述べ、とくにアジアの地域主義に強い関心を寄せている。このほかアジア主義派と見なせるのは、秦亜青(中国外交学院)、張蘊嶺(社会科学院アジア太平洋研究院)などである。

第五に、シャンボーが「グローバルサウス」と呼ぶ人々である。中国は八〇年代まで三つの世界論を表明、自らを第三世界と位置づけ、北に対抗しようと主張していた。その名残がいまも残っており、兪新天（上海国際問題研究院）などが、新興工業国、一般の発展途上国、後発の途上国の三つに分かれつつある第三世界に対する一括りの対応がむずかしくなっていることを懸念しながら、これら諸国の中国にとっての重要性を強調する。

第六に、「選択的多国間主義」と呼ぶグループである。中国は国際的な問題への関与を増やしていくべきだが、無理をせずに、中国の国家利益が直接関係する分野だけ国際協調をする、と主張する。中国はまだ超国家的で非伝統的な安全保障の概念は受け入れないし、人道的な分野で国際的安全保障行動に関わることには強い抵抗感をもっている、とシャンボーは指摘する。彼が上げるこのグループの代表は『中国不折騰』（中国は無茶をしない）の著者・長弓である。

最後に、グローバリズムを支持するグループ。シャンボーによれば、このグループは、「思想的には人道主義を支持し、グローバル化を分析的に受け止め、超国家的課題には超国家的な協力関係が必要だと考えている」。これに近い論者として金燦栄（中国人民大学）が上がっている（シャンボー・二〇一五）。

シャンボーが言うように、中国では、国際関係の見方について意見の分岐が大きく、とても一つの流派に集約することはできない。だが、二〇〇九年の強硬外交への転換以後、左派、現実主義のアプローチ、観念が中国外交では支配的、公式的になっているのも否定できない。

中国外交の核心は?

さて、近未来の中国外交についてその方向を見てみよう。考えられる将来、中国外交の核心は次のような諸要素からなると考えられる。

第一が主権至上主義である。主権原理と国家利益こそ中国外交の担い手にとっての金科玉条である。一九五〇年代に「平和五原則外交」を掲げて以来、中国の国是の第一は国家主権の擁護だった。三〇年余りの改革開放で世界第二の経済力をもつ巨大なパワーになってからいっそうその主権主義が強固になっていることは、「平和発展白書」(二〇一一年九月六日)が六つの国家核心利益の第一に主権を挙げていることからも裏付けられる。

ちなみに、建国以来中国は、冷戦期には別の新国際システムを構築したいと願い、七〇年代以後の脱冷戦期には、キャッチアップ、経済成長によって国際的登場を果たしたいという目標に転じた。では、ほぼそれを実現しそうな二一世紀、グローバル大国化を目前にした中国はなにを目標とするのだろうか。

代表的な国際政治研究者・王緝思は「中国は一等国としてしかるべき待遇を受けるべきだ」と言い（朝日新聞二〇一二年一〇月五日）、リアリストの代表である閻学通は「中国外交の目標は国家の尊厳の問題を解決すること」だと言う（朝日新聞二〇一四年四月一一日）。

「中国はまだ世界的なリーダーになる用意ができていない」、「ミドルパワー、もしくは地域大国と考えた方がよい」というシャンボーの評価に私は賛同したい。問題は、中国が真のグローバルパワーになったときなお、国家主権と国家利益にしがみつくのだろうか。それとも「帝国の風格」を見せるのだろうか、である。

第二が、**表9**で示すように、実にプラグマティックに、国際政治についてのあらゆる理論・手法を相手やイシューに分けて活用していることである。その使い分けは見事であり、中国が「外交大国」であることを感じさせる。たとえば日本に対して、戦争責任や歴史認識では道義で対応する一方、領土・領海など利益とパワーのぶつかる領域では時に激しく対抗的になる。これが、二一世紀初頭の中国の対日姿勢となるだろう。

表9　中国の国際政治観

領土・資源問題	現実主義
経済協力	構成主義
地球的課題	制度主義
大国に対して	現実主義
日本に対して	道徳主義，対抗ゲーム
地域に対して	構成主義，現実主義
国際機構に対して	制度主義

第三が、「外交はパワーであり、芸術である」と考える、「外交大

国」である。二一世紀に入ってからの中国の国際関係研究の隆盛ぶり、外交要員の充実ぶりは隣国・日本からすると羨ましくさえ思える。H・ハーディング(ヴァージニア大学)は、七〇年代末米国は中国とソ連に対抗する戦略関係を結ぼうとした、軍事交流も盛んに行った、しかしこれは間違っていた、中国の見せ掛けのパワー、自らを大きく見せる「芸術」に目を眩まされたのだ、といたく反省していることを思い出す。

第四が、外交の手段として必要なときには軍事行動を辞さない「圧力外交」である。ある政治的目的物を守る、もしくは手に入れるために軍事的手段を使った方が効果的だと判断すれば、その使用を躊躇わない。第八章で分析したように、一九七九年、中国のベトナムに対する「懲罰の戦争」は、軍事目標があったわけでも、領土目標があったわけでもない、中国に逆らうベトナムを「成敗する」ための政治行為だったのである。

第五が、二一世紀に入ってからの新状況である。さまざまな利益集団が中国の外交に強い圧力をかけるようになった。

なお、外交能力について中国内での興味ある議論を紹介しておこう。薛力(社会科学院世界経済と政治研究所)は外交人材の無力ぶりを嘆いている。政治局常務委員に外交担当がいない、外相のランクが低く、影が薄い、外交に責任をもつ国務委員ですら政治局メンバーでなく、全体ランクで三〇位以下であると。そのため、「過去何年か、客観的効果に欠けるいくつかの外交行為は、以上のような外交部局のランクの低さ、人材の不足などと重大な関係があり」、「政策執行時に権威ある主導機関がないため、海洋事務管理でかつて五龍鬧海（五頭の龍が大海で暴れる）の困った状況が生じた」という（薛力・二〇一七）。

最後に、中国外交の特徴について決定的なポイントを一つにまとめよう。二一世紀の中国は、巨大な、主権原理を信奉する一元的国民国家である。その意味では、一九世紀まで栄えた伝統王朝中国のそれとはもとより違うし、二〇世紀後半に繁栄した「非公式の帝国」米国のように、世界的ミッション、普遍的価値とも無縁である。中国にとっての課題、関心はあくまで主権国家、自国の利益、現体制の存続なのである。

終章　二一世紀グローバル大国のゆくえ

1　中国の自画像——葛兆光『中国再考』から

中国の自画像

二〇一〇年GDPで日本を凌駕し世界第二位の経済大国になって以来、中国は自らを「何者」だと認識しているのだろうか。あるいは「何者になりたい」と考えているのだろう。二〇世紀末、上海でうら若い女性ジャーナリストから、「先生はこれから中国にどういう国になってほしいと思いますか」と何回も執拗に問われ、驚き、当惑したことを思い出す。私には、欧米、中国の知識人に「どういう日本がお望みですか」などと聞きたいと思ったことは一度もないからである。

突然グローバル大国になってしまった中国はうまく自画像を描けないでいるように思う。巨大帝国の夢と現実が区別できなくなり、かつての華夷世界や朝貢体制の「虚」の中国を自画像化している場合もあれば、夢と、図体は大きいが後れた途上国の現実の間で揺らいでいる自国像をもてあましている場合もある。その中で、歴史家葛兆光(復旦大学)はアイデンティティの探索に挑戦している一人である(葛兆光・二〇一四)。

当代中国一流の知識人たる葛兆光は、中国とは何者かを考える際に次の三点を強調する。

*中国には核心的な文化領域はあるものの、基本的には多様な出自と多元的な文化をもっている。葛は、伝統主義者に根強い「大一統論」(大きな中国はずっと一つに統べられてきたとする価値をたっとぶ)に懐疑的なのである。

*中国と周辺国家はすでに朝貢体制下にはない。冊封体制における宗主国でもない。葛は、第二の大国になって朝貢体制構築に懸命な今の動きに対して冷淡である。

*文明は一つの規律で上下の別がある。だが、文化は習慣で上下の別はない。中国文化は実は多元的なものから紡がれていると考える。

そのうえで次のようなものを「歴史的な観点を欠いた誤った見方」として退ける。

①東アジアには共通の文化があり、中国が一貫して東アジア文化の中心だったと考える。

②アジアの政治上の違いや領土紛争、文化競争の背景を無視する。

③アジアのそれぞれの国、民がもつ固有の異なる文化と価値観を理解しない。

二一世紀になってからの中国の「膨張」(葛兆光は「崛起」という言葉は好きではない、と敢えて「膨張」と言う)が西欧におけるような民族国家ではなく、また伝統期にあるかのように思われた中華帝国とも違う、それ自体固有のものだ、と次のように言う。

「一つの国家としての「中国」の性質はヨーロッパの伝統的な「帝国」や、ヨーロッパ近代の「民族国家」の定義や理論をもってしては簡単に理解できない」

「現在のこの中国は、……「帝国」から「民族国家」に到ったのではなく、果てしない「帝国」の意識の中に有限な「国家」があるという観念の中で、有限な「国家」という認識の中に果てしない「帝国」の心象を残している。つまりこの近代的民族国家は伝統的中央帝国から変身したもので、近代的民族国家として依然として伝統的中央帝国という意識を残している」

つまり葛兆光は中国の知識人が凭(もた)れかかる伝統それ自体のもつ危うさを指摘しながら、当代中国が、いまだ、一六世紀から形成される帝国と一九世紀末から続く近代民族国家造りの連続線上にある、という自己認識をもっているようである。次のように整理できよう。

①「現代の中国の〝民族国家〟は依然として伝統的中国の〝帝国の記憶〟を残している」。

②中国にかんする歴史的領域は絶えず変化してきており、「どこどこの地は〝有史以来中国の領土だ〟」などと簡単にいうべきではない。

③文化的には中国はかなり安定した文化共同体をもってきた。車は同じ軌道、書は同じ文字、行動は同じ倫理をもち続けてきた。

④中国における権力と国家の関係は曖昧である。政治的アイデンティティ・歴史的アイデンティティ・文化的アイデンティティは一致しない。

間断なき伝統と現代

彼の議論を突き詰めていくと、中国においては伝統帝国と近代民族国家の明確な区別や、境界は見つけがたく、「中国は無辺の帝国意識の中に有限の国家観念を有し、有限の国家認識の中に、無辺の帝国イメージを留めている」。伝統的な観念のなかにある「天下」は単なる想像にすぎない、ということになる。

そのうえで、中国人は、①伝統中国といわれる時代(上古から明・清に到る時期)、「自分が中心であるとする想像の時代」、②西洋からの衝撃のなかで一枚だけの鏡の時代(清末から民国)、③今始まった時代、つまりたくさんの鏡を見て自己を認識しようとする時代、という三つの段階を経てきた、という。と同時に葛兆光は、一六世紀以降の東アジアが「偏見、敵意、不信感」に満ちており、それが今日まで続いていると強調する。

巨大な中国がうまく自画像を結べないと同様、東アジアの隣邦である日本も朝鮮も自画像が描けないで苦悶しているように思える。二一世紀の東アジアはそれぞれが「自分探し」という面倒な課題に悩まされ、相互間は紛争と衝突を繰り返すことになりそうである。

なお、中国知識人に独立した知的尺度が欠落していることが自画像を結びにくくさせていると考えて、中国のシンクタンクの将来を悲観しているのが鄭永年（シンガポール国立大学）である。彼によれば、社会科学分野での中国知識人の知的尺度はすべて西洋のものであり、その結果、多くが「西洋のみかんを見て中国のリンゴだと思っている」と手厳しい（鄭永年・二〇一七）。

2　「私化」する中国の「国」——マーティン・ジャックから

経済をコントロールする国家

二一世紀に入ってから、とくに胡錦濤治世の後半（二〇〇七〜一二年）から中国では市場化を抑えて国有セクターが勢いづき、国家資本主義的状況が観察できる。以下ではその「国家資本主義」化の一端を紹介し、中国における「国」の不可思議なありようについて考えてみる。なお日本の経済学者の間では、昨今の中国経済について国家資本主義化を強調する学者、いや市場化の方向に動いているとする学者に分かれているようで、とりあえず前者の代表が加藤弘之、後者が丸川知雄としておきたい。私はどちらかというと前者の立場に共鳴している。

鄧小平の南巡講話以降、市場化、国有企業の民営化がどんどん進むものと思われた。だが、二〇〇六年前後から民営化のスピードは落ち、反対に基幹産業、戦略部門で国有企業の独占状況が進んだ。「国進民退」である。その契機になったのは一九九九年九月の中共中央の通達「国有企業の改革・発展についての若干の重大問題の決定」(一九九九年決定)と二〇〇六年一二月の国務院国有資産監督管理委員会(国資委)の「国有資本の調整と国有企業再編についての指導意見」(二〇〇六年指導意見)である。前者は、国有企業がコントロールすべき業種と領域を、「国家安全にかかわる業種、自然独占にかかわる業種、公共産品・サービスを提供する業種、および支柱産業と中核産業中の重要企業」とした。国民経済の命脈に関わる七大業種・領域——具体的には、軍事工業、送配電・電力、石油石化、電気通信、石炭、航空輸送、海運を国家の強いコントロールのもとにおく、とした。さらに二〇〇六年意見は、国家の比較的強いコントロールのもとにおく分野として、設備製造、自動車、電子・情報、建築、鉄鋼、非鉄金属、化学、資源探査・設計、科学技術を設定している(新華社・二〇〇六年一二月一八日)。

こうして中央は、国資委を通じて、重要な戦略資源のほとんどを握った。二〇一二年三月の時点で、国資委がコントロールしている中央国有企業(中企)は一一七社、その支配下にある子会社は一万社を超えるという(三浦有史・二〇一二)。

こうした「国進民退」状況に批判的な民間研究機関である天則経済研究所は、二〇一〇年の報告書で次のように警鐘を鳴らしている。

「国進民退は個別の現象ではなく、怒濤のような風潮だ。個別企業の単独行為ではなく、国有企業、とくに中央国有企業の共同行動だ。民生とか安全とかに関わる産業だけでなく、競争性の業種などほとんどすべてに及んでいる。……したがって、(一九三〇年代、一九五〇年代に続く)三回目の国有化運動と言えるのである」(楊帆ほか・二〇一〇)

中国式の「国家資本主義」の生命力、国際競争力はこれからも続きそうである。とくに、グローバルな競争で有利に立つには国有および国家持ち株企業による経済の主導がもっとも近道である以上、次の三浦有史の見通しのように、「中国式国家資本主義」はしばらく続くだろう。

①そもそも中国共産党は、市場経済化＝国退民進と位置づけていない。戦略・資源・中核産業に対する国家の主導を決めた一九九九年の「決定」、二〇〇六年の「意見」は中国

当局の基本的および長期的スタンスである。
②中国政府は市場経済化によって市場に対する支配力を弱めることを全く意図していない。
③国家資本を経済の根幹にかかわる分野に集中させることで経済全体に対する支配力を強め、さらには世界市場にうって出るという戦略をとっている(三浦有史・二〇一〇)。

「国」を名乗るもの

ところで、国有、もしくは国家資本主義の「国」とは何か。国有経済の担い手は具体的には何なのだろう。国家機構そのものか、国家を名乗る(共産党のような、中央の某官庁のような、地方政府のような)公的集団か、国家を僭称する巨大な私的集団か、国家を名乗る巨大個人か。国家は彼らによって簒奪されたのだろうか。

中国において「国」とは一体何なのかというのは、かなり厄介な問題である。この永遠の難問に、ある中国経済史専門家の提起を紹介して、とりあえず答えておきたい。

コラムニストのマーティン・ジャックは中国の国家がもつ「固有性」を明らかにしようと、中国の国家を固有ならしめている八つの特徴を次のように摘出する。

①中国の国家は国民国家ではなく、文明国家である。

②対東アジア関係で朝貢時代の過去が復活しつつある。
③特有の民族観、人種観をもつ。漢族は単一民族であると考える。
④大陸規模のスケールでの国家運営を行ってきた。
⑤国家が他の社会勢力と権力を分かち合うのではなく、国家のみが最高権力として社会を支配する。
⑥昨今では超スピードの経済発展の結果、過去と未来が現在の中に共存する。
⑦共産党政権と儒教支配とが共存している。
⑧長らく先進国と途上国の二つの性格を合わせもつ。

右の「特徴」のいくつかについては異論もあるが、中国の「国家」が西欧国家と根本的に違うという次のような指摘には共鳴できる。

第一に、西洋近代の原理では、国家が正当性を担保するのではなく、民主主義が正当性を担保すると考える。中国の例はその原理と全然合わない。民主がなくとも、国家は絶大な正当性をもちうる。

第二に、西洋においては、国家は（社会もしくは成員にとって）局外者、侵入者である。だが中国（人）にとっては、国家は局外者ではなく、家の大きなものであり、彼らは国家を、社会の内在的組成部分だと考える。国有企業は日本や韓国のそれと中国では違う。第三に、中国国家は、高度の合法性、悠久な統治の伝統、国家がもつ卓越した戦略能力、内在的連続性、国家と市場の独特な結合など、どこもまねできない固有性をもってきた(マーティン・ジャック・二〇一一、二〇一四)。

このジャックの指摘を踏まえたうえで、「国家資本主義」状況で推移しているいまの中国で、じつは「国」は無限に「私化」しているのではないか、「巨大なる私」が「国」を簒奪しようとしているのではないか、と考えている。二一世紀に入ってからの中国外交はそのような不可思議な「私化しつつある国」による営為なのではないだろうか。

3 「帝国」論

四種の帝国

中国が「膨張」するにつれ、国内外において伝統的な中華帝国とダブらせて当代中国を考える傾向の人も国内外に多くなった。中華の同心円上に世界を描き、中国の皇帝が天下を睥睨(へいげい)した朝貢体制で世界秩序を考えるのは、中国知識人にとって決して不快なことではない。

二一世紀の中国がどうなるのか。世界は、トランプ下の米国と同じく、興味と不安をもってじっと見つめている。中国は帝国になるのだろうか。

現代帝国についての成果である藤原帰一『デモクラシーの帝国――アメリカ・戦争・現代世界』(岩波新書、二〇〇二年)に沿ってまずは「帝国」とはなにかを考えてみよう。歴史上、四種類の「帝国」が想定できる。

第一が広大な領土と人々を支配する国家としての帝国、つまりローマ帝国、あるいは漢・唐の中国王朝などの伝統帝国である。その領域でこれらの帝国に対抗できる国家が周りに存在しなかった。中心から周縁に向かうにつれ統制力は弱まり、周縁の自律性は強まるが、その中心と周縁を合わせた領域が帝国の勢力圏を構成した。また、藤原が言うように、「力の均衡」は、少なくとも帝国の権力に対抗する形ではあり得ない。(近代世界のように)力関係が支える平和ではなく、帝国の保持する権力が大きいために平和が支えられる」ことになる。

第二が多民族の居住する領土を支配するヨーロッパの帝国であり、特定の民族を基礎として作られた国民国家とは対極にあるものと考えられる。藤原によれば、ハプスブルク朝やロマノフ朝、オスマン朝などに見られるような、王朝名を国名として掲げる帝国は、その多民族性ゆえに、時代後れにされてしまう。一九世紀後半、イタリア統一、ドイツ統一という二つの国民国家の形成を経て、帝国の時代は終わりを告げる。

この種の帝国では、清王朝に例を取れば、周縁部では間接統治や「異民族隔離」が行われ、宗教も含めて、緩い寛容な統治が行われた（王朝が文化に基礎をおいていた、辺境の周縁まで統治する物理的能力を欠いていた、などの事情による）。帝国は階層秩序を重んじたが、実は「臣民の文化的同一性には関心がなく、むしろ非常にしばしば彼らの文化的多様性から恩恵を得てい」たのである（村田雄二郎・一九九四）。

つまり、意識的な多元主義ではないにせよ、一般的に帝国の秩序に一定の開放性、多元性があったことは、中華帝国およびロシア帝国、オスマン帝国についても指摘される。消極的な放置ではあったが、中心が周縁に対して寛容さと開放性をもっていたことを否定はできない。これらの帝国がいずれも二〇〇年以上も生き長らえた最大の理由もそこにあったのだろう（詳細は毛里和子・一九九八参照）。

現代中国は主権を第一要件とする国民国家であることに最大の価値をおいている。反面、大きく、一つにまとまったものが統べる（「大一統」）歴史的負荷も大変に重く、ほぐし難いジレンマを抱えている。「緩い寛容な帝国」に戻るのはきわめて難しい。

第三が植民地をもつ帝国、それからくる「帝国主義」である。一九世紀のイギリスやフランスは国内的には国民国家への変身をすませた。だがヨーロッパ世界の外では、広大な領土を抱え、植民地帝国として君臨した。一九三〇年代からの日本もこの「帝国」である。藤原によれば、「本国は国民国家でありながら、海外では異民族を支配するという二重構造が、伝統的な帝政から近代の植民地帝国を区別する分かれ目」である。

しかし帝国は膨大な財政支出のために植民地を維持できなくなる。とくに第二次大戦後になると植民地統治を続ける軍事的・財政的条件を失い、帝国は植民地領有を放棄せざるを得なくなった。ちなみに、二一世紀に入ってアフリカに進出した中国の動きを「新植民地主義」と評する向きもあるが、資本・労働力・資材などをセットにした「進出」だとしても、二一世紀に植民地領有が許されるわけがなく、植民地型帝国は難しい。

第四が、マイケル・ハートやアントニオ・ネグリが提起する「新帝国」である。藤原によれば、この新帝国は、「資本の流れに加えて情報の流れを握り、その資金と情報のネットワークに個々の主権国家を組み込んでゆく、世界規模の過程」である。ここでの帝国とは、米国などの個々の国家や政府ではなく、「統合された世界市場の運営にあたる政府と国際機構とを合わせた総体」を指すという。「市場主義・グローバリゼーション・情報化の三つの柱から構成された「世界規模の〝民主主義帝国〟」と藤原が表現するこの新帝国は、しかし、各国主義が席捲する昨今の状況からすると(トランプ現象、英国のEU離脱など)、遥か遠い未来のことのように思える。ましてや「主権国家教」を信奉している中国が新帝国を目標にすることは考えにくい。

4　中国は「帝国」になるか

帝国の要件

最後に「帝国たる資格条件」を考えてみよう。要件は藤原や山本有造によれば四つ想定できる(藤原帰一・二〇〇二、山本有造編・二〇〇四)。

第一に、世界に「公共財」を提供できるかどうか。

第二に、世界に「文化力」(支配的価値)を提供できるかどうか。

第三に、周縁に自律的国民経済を許さないグローバルな経済力を提供できるか。

第四に、世界秩序のメトロポールたる「帝国」になりたいという欲望をもつか。

「非公式の帝国」だった米国の事例から考えると、まず、公共財の第一は世界に通用する「通貨」であり、国際機構についてのイニシアティブ——主導力であり、世界・地域の安全を支える「安全保障力」である。つまり、ドル・ガバナビリティ・軍事力だ。第二次世界大戦後から米国はこの三つの公共財を地域および時には全世界に提供してきた。第二が、世界や地域秩序、世界の倫理を支えるソフト・パワー、ソフト・ヴァリューである。二〇世紀末に「冷戦」に代わってグローバリゼーションの時代が始まったと考えると、以来、市場経済と民主主義がそれに当たるだろう。とくに、人権などの「普遍的価値」は「非公式帝国」たる米国のミッションとして世界がほぼ受け入れるところとなった。第三が、グローバルな経済力、基軸通貨ドルと最高度、最広域の市場・資本を提供できるかどうかである。米国は二〇世紀後半の五〇年間それらを提供しようとしてきたと言えよう。最後が世界秩序の「帝国」になる意思と欲望をもつかどうか、である。第二次世界大戦の結果、世界の財を集中した米国が半世紀間その意思と欲望をもち続けてきたことは否定できない。

中国を縛る神話

問題は、米国に代わる「帝国」が生まれるのか、中国が新「帝国」の座を目指すのか、手に入れるのか、である。以下に、中国にとって緩やかで寛容な「帝国」の道がありうるかどうかを考えてみよう。私は、現代中国には、歴史から継承してきた「三つの神話」があり、この神話に呪縛されて「自縄自縛」になるのではないかと考えている。

第一の神話が、主権は唯一絶対、不可侵である、とするもの。

第二の神話が、中国は一体であるとする「大一統」論は無条件に正しい、とするもの。

第三の神話が、必ず政治(すなわち党)が軍をコントロールする、という確信。

主権神話は、一九世紀中葉以来の屈辱の歴史が、「一等国」になることを通じて払拭されれば後景に退くかもしれないし、「失われた台湾」を回復することで克服できるかもしれない。だがいずれも、かなり長い時間を要しよう。中国の歴史を繙けば、帝国の周縁統治は決して一元的ではなかったし、「大一統」は決して現実ではなかったにもかかわらず、「大一統」神話の引力はきわめて強い。


ちなみに、現代中国の民族政策には次の三種のアプローチが想定できる。①「近代版大一統」アプローチ(同化論)、②民族識別・民族言語・区域自治の三大政策を柱とする限定的な多元主義アプローチ(旧ソ連型)、③連邦主義・国民主義アプローチ(米国型)の三種が想定できるが、そのうち現代中国が現実に採用してきたのは②の限定的多元主義である。だが二一世紀に入ってチベットのラサ暴動(二〇〇八年)、ウルムチ騒乱(二〇〇九年)への国家の過敏な反応を見ると、むしろ①の同化主義に近くなっている。現に二〇一一～一三年にかけて中国の学界では民族政策について論争が起こっており、②の旧ソ連型アプローチは失敗した、第二段階の民族政策、つまり米国型の連邦主義・国民主義に切り換えるべきだという考え方も一部に出てきているなかで、実際の政策は「大一統」の抑圧政策が幅をきかせている。台湾・新疆・チベットは「国家の核心的利益」とされているが、「大一統」の引力はきわめて強いのである。

おわりに

二〇一六年九月、米国のジョージタウン大学を経営するカトリック・イエズス会が一八三八年に行った奴隷売却について謝罪したとの記事(ニューズウィーク日本版二〇一六年九月二日)を読んで衝撃を受けた。歴史的「罪」に対する「謝罪」には時効がないのだ、ということを改めて考えさせられたからだ。当イエズス会は所有する奴隷二七二人を売って大学の財政危機を救おうとしたのである。謝罪に際して大学は売られた奴隷の子孫にあたる学生に、入学し易くする優遇措置をとり、また当時の学長名がついた建物の名前を変え、奴隷制の歴史を学ぶ機関も創設するという。実に一八〇年ぶりの「勇気ある謝罪」だと思う。

一方朝日新聞は、九五歳の元ナチス親衛隊員がすでにポーランドで禁錮刑四年を受けてきたのに、改めて戦争犯罪裁判にかけられることになったと伝えた(朝日新聞二〇一六年九月一三日)。二〇一一年ドイツでは、大量殺戮を目的とした収容所との関係を証明できれば告発、裁判できるようになったのである。これも戦争犯罪には「時効がない」ことで衝撃的だった。親衛隊員はナチス末期捕虜収容所での二カ月間の殺害行為を問われることになる。

本書は一〇年以上前の旧著『日中関係　戦後から新時代へ』の続編である(一部重なる部分があることをお断りしておく)。この本で目指したポイントが二つある。一つは、国交正常化に始まる日中関係が質的に大きく転換した二一世紀に重きをおいて、現実主義の眼で分析することである。もう一つは、二〇一〇年に日本を抜いて世界第二位の経済大国になった中国の攻勢的外交、覇権的行為の内実、とくに海洋新戦略を読み解くことである。

対抗関係に入り始めた日中関係をどうハンドルするか。日本にとって最小限必要なことはいくつかある。そのうちの一つ、関係の前提になるものが実は戦争責任の問題にどう決着をつけるかではないだろうか。これが、本書の最後にお伝えしたい第一のメッセージである。

日中関係はつまるところ日本の問題に帰着する。二〇一四年三月、「新しい日中関係を考える研究者の会」のシンポジウム「現代日中関係の源流をさぐる」の最後に私は次のように述べた。

「日中関係の八〇%は日本問題だとずっと思っている。その文脈で、七二年に対する何か割り切れない思いの一つは、日本人にとって戦争の責任の問題でどう決着をつけるかが依然として曖昧なままだということだ。このことが今日の日中関係に影を落とし、日中関係を湿っぽく、緊張したものにさせていると思う」（高原明生ほか編・二〇一四）

戦後七〇年たって時代環境も世代もリーダーの質も大きく変わった。戦争の記憶は七〇年間の巨大な変転の中に埋もれてしまいそうだ。日本の侵略から日中関係を考える人よりも、尖閣諸島海域で現状を変えようと必死な中国（軍）の実力行使を見ながら「中国は怖い、脅威だ」と感じ、親愛感をもてない人々が九〇％を超えたという。端的に言ってこれまでの両国関係は、日本が歴史を詫びる、中国がそれを赦す、という「道義の関係」だった。それが今後は、東アジアでどちらがパワーを振るうか、覇権を握るかの「力の関係」になっていくだろう。だがその前に日本としては、戦争責任問題決着への道筋をつけておくことが必要なのではないか、と私はいまなお思うのである。

周知のように、昭和天皇は占領軍の政策などによって戦争責任を免責された。その昭和天皇が戦争責任について公に語ったことがある。一九七五年一〇月三一日、訪米から帰国したときの内外記者団との会見である。いわゆる戦争責任についてのお考えを尋ねる問いに対して昭和天皇は次のように答えた。

「そういう言葉のアヤについては、私はそういう文学方面はあまり研究もしてないで、

よくわかりませんから、そういう問題についてはお答えができかねます」(天皇の記者会見は、毎日新聞一九七五年一一月一日)

原爆投下を受けたことについてどう思うか、との記者の質問に対しては次のように答えた。

「原子爆弾が投下されたことに対しては遺憾には思ってますが、こういう戦争中であることですから、どうも、広島市民に対しては気の毒であるが、やむを得ないことと私は思ってます」(同前)

少なくともこの問答で理解する限り、この時点での昭和天皇には開戦・敗戦・被災などについての責任を考える気持ちはない。辺見庸は、最近改めてこの記者会見を取り上げこれに衝撃を受けない人がいることの方が衝撃だ、と次のように怒りをぶつけている。

「米国訪問から帰国したばかりの昭和天皇が、ニッポンの一切の言説、思想のありとあらゆる関節を一発ではずし、脱臼させ、すべてをどろりと溶解してしまったのだった。いやはやたいしたものではないか」(辺見庸・二〇一五)

昭和天皇の弟君である三笠宮(一九一五〜二〇一六年)は比較的自由な立場だったせいだろうか、昭和天皇とは異なる考え方をもっていたようである。習志野騎兵隊の中隊長をへて日中戦争が始まると南京の支那派遣軍総司令部の参謀として戦争に加わり、見聞きしてきた。一九四五年八月一二日、戦争終結を天皇が説明し協力を求めた皇族会議の席で三笠宮は陸軍の反省を強く求めた、と言われるし、戦後の枢密院会議(一九四六年六月八日)では、次のように日本は「侵略的行動」から平和主義へと転換しなければならない、と語ったという。

「満州事変以来日本の表裏、言行不一致の侵略的行動については全世界の人々を極度に不安ならしめ、かつ全世界の信頼を失っていることは大東亜戦争で日本がまったく孤立したことで明瞭である。従って将来国際関係の仲間入りをするためには、日本は真に平和を愛し絶対に侵略を行わないという表裏一致した誠心のこもった言動をしてもって世界の信頼を回復せねばならない。(略)憲法に明記することは確かにその第一歩である」(岩井克己・二〇一六)

なお、三笠宮は一九九八年江沢民国家主席招請時の宮中晩餐会で、現天皇から紹介された際、「旧陸軍の軍官として南京に駐在し、日本軍の暴行を自分の目で見た。今に至るまで深く気がとがめている。中国の人々に謝罪したい」と挨拶したと中国の文献は伝えている(鍾之成・二〇〇六)。この行為は、戦争を生きた世代の公人からの最後の「謝罪の言葉」かもしれない。

もう一つ昭和天皇の戦争責任について取り上げよう。加藤典洋は、日本が侵略をした、天皇はその責任がある、と認めながら、次のように言う。

「天皇の責任とは、臣民にたいする責任であり、何より、その名のもとに死んだ自国の兵士たちにたいする責任にほかならない。二千万のアジアの死者たちに対する責任はわたし達日本国民に帰するが、そのことを含み、それ以上に三百万の自国の死者にたいする責任の一半を天皇はやはり免れないのである」

引用した部分は『群像』一九九五年一月号での最初の発言から二年後に加藤が修正したものだ(加藤典洋・一九九七)。加藤は、天皇の責任は法的なものでなく、基本的には「自国の兵士たち」へのもの、道義的なものに限られる、したがって、裁判うんぬんは問題にならず、「退位」の問題に絞られる、とする。これについては、高橋哲哉が強い批判を展開している(高橋哲哉・二〇〇五)。

昭和天皇の戦争責任を議論しようとすれば、道義的責任か、法的責任を含むか、どのような形式でその責任をとるか、などの問題が出てくる。日本の国民に対する責任か、侵略したアジアの人々の被害に対する責任はどうなるのか、という問題もあろう。

私は戦後に小学校に入った、「天皇制」イデオロギーとは無縁な世代だが、戦前・戦中世代にとって「天皇」の重石はとても重い。戦後リベラルの代表たる丸山眞男(一九一四〜九六年)は昭和天皇の責任を厳しく糾弾したが、天皇制の呪縛から脱するプロセスは苦難に満ちていた、と一九八九年に回想している。

「敗戦後、半年も思い悩んだ揚句、私は天皇制が日本人の自由な人格形成——自らの良心に従って判断し行動し、その結果にたいして自ら責任を負う人間、つまり「甘え」に依存するのと反対の行動様式をもった人間類型の形成——にとって致命的な障害をなしている、という帰結にようやく到達したのである。……天皇制の「呪力からの解放」はそれほど私にとって容易ならぬ課題であった」(丸山眞男・一九八九)

私自身は、昭和天皇には戦争について法的責任がある、侵略した相手国の人々への重大な責任ももちろんある、と考える。しかし、戦後七〇年たち、時代は変わり世代も担い手もまるで変わった。物理的にいっても、これらの問題に決着をつけるのは絶望的に難しくなっている。どうやら時代を超えて戦争の負の遺産を継承していく覚悟が必要のようである。しかし、せめて国民レベルで、国民の戦争責任についてどう考えるか、どのようにしてその責任を果たすのかについて最小限の合意を作り出したいと思う。本書がその一つの場になれば大変幸いである。

本書の最後にお伝えしたい第二のメッセージは、排他的な、情的なナショナリズム(「裸のナショナリズム」とでも言おうか)から日中両国の人々が早く「卒業」してほしいという思いだ。

二〇一二年の尖閣をめぐる衝突のとき、村上春樹は、領土ナショナリズムは安酒呑んで悪酔いするのと同じだと見事に喝破した。

「領土問題が実務課題であることを超えて、「国民感情」の領域に踏み込んでくると、それは往々にして出口のない、危険な状況を出現させることになる。それは安酒の酔いに似ている。安酒はほんの数杯で人を酔っ払わせ、頭に血を上らせる。人々の声は大きくなり、その行動は粗暴になる。論理は単純化され、自己反復的になる。しかし賑やかに騒いだあと、夜が明けてみれば、あとに残るのはいやな頭痛だけだ」(朝日新聞二〇一二年九月二八日)

私はこの分析と表現にまったく賛成だし、「うまいなぁ」と思う。だがそれにしても、この悪酔いは執拗だ、まだ取れないのだから。

他方中国の思想家・叢日雲(中国政法大学)の排外的ナショナリズム批判は厳しくまた論理的である。彼によれば、中国における今日のナショナリズムには三つのレベルがある。①祖国への熱愛と忠誠――愛国主義、と言うより愛国の情。②グローバル化の深い影響下にあるいま、中国の民族利益を守り、民族文化を復興しようとする感情で対抗する。③極端な過激ナショナリズム――排外・報復感情と好戦的な行為に現れる。

彼が過激ナショナリズムの背景に見て取るのは一九九四年からの「愛国主義教育」である。彼によれば、愛国主義教育は「怨恨教育」で、その結果不健全な被虐心理が強まり、「普通の外交上の紛争、貿易摩擦、文化衝突、それらが愛国主義教育のお蔭ですべて政治化してしまう」と言う。また、自民族については神話を、他民族については「鬼話」を語るのが中国の歴史教育だと言う。「端的にいうと、過激民族主義は極権主義イデオロギーの思考方式、言語習慣、行為モデルの一つの変種であり、極権主義の思考方式が欠陥のある愛国主義と結合すると過激ナショナリズムの根源となる」と分析する。

日本のODAが二〇年間中国の近代化を助けたことに温家宝首相は訪日時の国会演説(二〇〇七年四月一二日)で謝辞を述べたが、そのODAをめぐる国民感情の「捩れ」を叢日雲はこう指摘する。

「日本が援助していたとき中国国民はその事実を知らず、援助が停止されたときそれを始めて知って怒った。……援助は感謝の気持ちをもたらさず、援助停止が憤怒を呼び起こした」(叢日雲・二〇一二)

思想家・李沢厚などがいうように、一九九六年に『ノーと言える中国』(宋強ほか)が世に出て以来大衆ナショナリズム、過激なナショナリズムが席捲し、愛国主義教育がその火に油を注いだ。その中で二〇〇〇年代初め対日関係を建て直そうと「対日新思考」をリードした馬立誠の日中関係論には説得力がある。

彼は言う、「中日関係で肝腎なのは寛容さだ。日本はドイツのように徹底的に歴史を反省できるかどうか、中国はフランス人と同じような気概と懐の深さをもてるかどうか。……胡錦濤主席は二〇〇八年の早稲田大学での講演で次のように訴えたではないか。〝われわれは歴史を刻みつけなければならないと強調するが、恨みをもち続けるべきではない〟」。馬立誠が言いたいのはただ一言、「憎しみに未来はない」である(馬立誠・二〇一三、二〇一四)。

東アジアの環境、日中二国間関係、ともに楽観は許されない。日中韓の不信と対抗が強まっていく可能性が強い。思うに、東アジアの主要三国はいずれもとても若い国民国家だ。明治維新以来一五〇年の日本は近代国家としては「長兄」の立場にある。その日本を含めていずれも思春期にあるようだ。青年、熟年に到るにはまだ長いプロセスが必要のようだ。思春期の三国がどのような関係を取り結ぶか。著しい非対称と対抗心に支配されやすい日中二国間関係につき、日中の双方に次の三点を指摘して筆を擱きたい。

第一が、関係の制度化と理性化である。どんなに領土問題や歴史問題で激しく言い争っても、対話のチャネルは決して閉じないこと。ともかくチャネルを開けておくこと。

第二が、米中関係・日米関係を見ながら、中国(もしくは日本)との関係を多国間の協力関係で考えること。

第三が、力での対抗、軍事的拡張に連なる動きを抑止する二国間、多国間メカニズムをできるだけ早く作ること。

本書が世に出るにあたっては、たくさんの方にお世話になったが、とくに岩波書店新書担当の中山永基さんは優秀な編集者として私の力不足を補って下さった。記して心からの謝意を表したい。また齢を重ねると思いこみと不注意による過誤がどうしても多くなる。ご寛恕とご叱正をお願いしたい。

毛里和子

桜満開の日に

参照文献リスト（著者・編者の五十音順）

〈資料集・ドキュメント〉

安藤正士・小竹一彰編『原典中国現代史⑧　日中関係』岩波書店、一九九四年
石井明・朱建栄・添谷芳秀・林暁光編『記録と考証　日中国交正常化・日中平和友好条約締結交渉』岩波書店、二〇〇三年
霞山会編（外務省アジア局中国課監修）『日中関係基本資料集　一九四九年―一九九七年』霞山会、一九九八年（付年表）
霞山会編（外務省アジア局中国課監修）『日中関係基本資料集　一九七二年―二〇〇八年』霞山会、二〇〇八年（付年表）
沈志華編輯『中蘇関係檔案』二〇〇〇年一一月
田桓主編『戦後中日関係史年表　一九四五―一九九三』中国社会科学出版社、一九九四年
田桓主編『戦後中日関係文献集　一九四五―一九七〇』中国社会科学出版社、一九九六年
田桓主編『戦後中日関係文献集　一九七一―一九九五』中国社会科学出版社、一九九七年
日中国交回復促進議員連盟編『日中国交回復――関係資料集（一九四九―七二）』日中国交資料委員会、

一九七二年
毛里和子・増田弘監訳『周恩来 キッシンジャー機密会談録』岩波書店、二〇〇四年
毛里和子・毛里興三郎訳『ニクソン訪中機密会談録 増補決定版』名古屋大学出版会、二〇一六年
Burr, William ed., *The Beijing-Washington Back-Channel and Henry Kissinger's Secret Trip to China: September 1970–July 1971*, National Security Archive Electronic Briefing Book, No. 66, Feb. 27, 2002
Burr, William ed., *Negotiating U.S.-Chinese Rapprochement: New American and Chinese Documention Up to Nixon's 1972 Trip*, National Security Archive Electronic Briefing Book, No. 70, May 22, 2002
Burr, William ed., *Nixon's Trip to China Records now Completely Declassified, Including Kissinger Intelligence Briefing and Assurances on Taiwan*, Posted-December 11, 2003, The National Security Archive.
Westad, Odd Arne ed., *Brothers in Arms*, W. Wilson Center Press, 1998

〈一般書・論文〉

青山瑠妙『中国のアジア外交』東京大学出版会、二〇一三年
阿南友亮「戦略的互恵関係の模索と東シナ海問題 二〇〇六―〇八年」高原明生・服部龍二編『日中関係史一九七二―二〇一二 I政治』東京大学出版会、二〇一二年
安倍晋三『新しい国へ――美しい国へ 完全版』文春新書、二〇一三年
五百旗頭真編『戦後日本外交史〔新版〕』有斐閣、二〇〇六年

井上寿一『日本外交史講義』岩波書店、二〇〇三年
井上正也「国交正常化　一九七二年」高原明生・服部龍二編『日中関係史一九七二―二〇一二　I政治』東京大学出版会、二〇一二年
岩井克己「戦後皇室の歩み体現　三笠宮さまをしのぶ」朝日新聞二〇一六年一〇月二八日
殷燕軍『中日戦争賠償問題』御茶の水書房、一九九六年
殷燕軍「日中国交正常化過程の再検証――日本外務省の公開資料からみる」『中国研究月報』第六六三号、二〇〇三年五月
内田雅敏『靖国参拝の何が問題か』平凡社新書、二〇一四年
衛藤瀋吉「大国におもねらず小国も侮らず」『中央公論』一九七二年一〇月号
閻学通「冷戦後中国的対外安全戦略」『現代国際関係』一九九五年第八期
閻学通『中国国家利益分析』天津人民出版社、一九九六年
閻学通「崛起困境与中国外交新特徴」共識ネット、二〇一四年一二月一〇日
閻学通「回復王道、重塑中国内政外交」中国選挙与治理ネット、二〇一六年二月一五日
袁成毅「一九七二年中国政府正式放棄対日索賠的経過」『党史研究資料』一九九八年第三期
王逸舟「中国外交――新形勢下的幾個現実問題」『南方周末』二〇一四年五月二二日
王希亮「論日本戦争責任問題長期擱置的歴史原因」『日本学刊』二〇〇一年第五期
王緝思「国際関係理論与中国外交研究」『中国社会科学季刊・香港』第一巻、一九九三年三月

王緝思『大国戦略』中国出版集団、二〇一六年
王小東「当代中国民族主義論」『戦略与管理』二〇〇〇年第五期
王小東「走在中国主流思想的前面――回顧与展望当代中国民族主義」『中国与世界観察』二〇〇五年第一期
王占陽「認為日走軍国道路是誤判、去了日本都清楚」『環球時報』二〇一四年一〇月二七日
王敏『中国人の愛国心――日本人とは違う五つの思考回路』PHP新書、二〇〇五年
王敏編著『〈意〉の文化と〈情〉の文化――中国における日本研究』中央公論新社、二〇〇四年
大庭三枝『アジア太平洋地域形成への道程』ミネルヴァ書房、二〇〇四年
大庭三枝編著『東アジアのかたち』千倉書房、二〇一六年
大原總一郎「対中国プラント輸出について」『世界』一九六三年九月号
大平正芳『大平正芳回想録(伝記編)』大平正芳回想録刊行会、一九八二年
岡崎久彦・中嶋嶺雄『日本にアジア戦略はあるのか――幻想の中国・有事の極東』PHP研究所、一九九六年
岡田晃「周総理在万隆会議」『周恩来与日本朋友』中央文献出版社、一九九二年
岡田実「中国におけるODA研究から見たODA観と日中関係」『国際協力研究』一九巻二号、二〇〇三年
岡部達味「中国外交の五十年」岡部達味編『中国をめぐる国際環境』岩波書店、二〇〇一年

岡部達味編『中国をめぐる国際環境』岩波書店、二〇〇一年
小倉和夫「「アジアの復権」のために」『中央公論』一九九三年七月号
小沢一郎『日本改造計画』講談社、一九九三年
葛兆光(辻康吾監修・永田小絵訳)『中国再考　その領域・民族・文化』岩波現代文庫、二〇一四年
加藤典洋『敗戦後論』講談社、一九九七年
加藤弘之ほか『二一世紀の中国　経済篇——国家資本主義の光と影』朝日新聞出版、二〇一三年
蒲島郁夫「全国会議員イデオロギー調査——連立時代の議員と政党」『中央公論』一九九九年五月号
何方「我們能同日本友好下去？——写在中日邦交正常化二五周年之際」『環球時報』一九九七年五月一一日
何方「時代問題判断有誤就会危害全局——一本国際問題討論文集的前言」『炎黄春秋』二〇一二年第一一期
ガルトゥング、ヨハン(高柳先男ほか訳)『構造的暴力と平和』中央大学出版部、一九九一年
川島真「歴史学からみた戦後補償」奥田安弘・川島真『共同研究中国戦後補償』明石書店、二〇〇〇年
キッシンジャー(桃井真監修)『キッシンジャー秘録③　北京へ飛ぶ』小学館、一九八〇年
キッシンジャー(桃井真監修)『キッシンジャー秘録④　モスクワへの道』小学館、一九八〇年
宮希魁「評地方政府的公司化傾向」『炎黄春秋』二〇一一年第四期
宮力「従中美緩和到実行〝一条線〟的戦略」『中共中央党校学報』二〇〇二年第二期

姜克実「我如何看中日之間的歴史和解」愛思想ネット、二〇一七年一月一日
曲星「試論一九五四年日内瓦会議上的周恩来外交」裴堅章主編『研究周恩来――外交思想与実践』世界知識出版社、一九八九年
曲星『中国外交五〇年』江蘇人民出版社、二〇〇〇年
金煕徳『日本政府開発援助』社会科学文献出版社、二〇〇〇年
金煕徳『中日関係――復交三〇周年的思考』世界知識出版社、二〇〇二年
金煕徳「走出大国力量小国心態的誤区――兼論中日関係的困境与出路」『中国与世界観察』二〇〇五年第一期
金煕徳・林治波『日中「新思考」とは何か――馬立誠・時殷弘論文への批判』日本僑報社、二〇〇三年
江程浩「中国的反思(中印戦争、中越戦争、援助)」『中国報道周刊』二〇〇四年一月三日
呉学文『風雨陰晴――我所経歴的中日関係』世界知識出版社、二〇〇二年
国分良成編『中国は、いま』岩波新書、二〇一一年
呉建民「狭隘的民族主義害人害己」財経ネット、二〇一六年四月一九日
斉徳学・郭志剛「抗美援朝戦争研究述評」『当代中国史研究』二〇〇七年第六期
時殷弘「中日接近与〝外交革命〟」『戦略与管理』二〇〇三年第二期
時殷弘「総理訪問把握住了中日関係走勢」『新京報』二〇〇七年四月一四日
施華「鄧小平談中越戦争」『七十年代』一九七九年第四号

参照文献リスト

清水美和『中国はなぜ「反日」になったか』文春新書、二〇〇三年
清水美和『中国が「反日」を捨てる日』講談社＋α新書、二〇〇六年
清水美和「対外強硬姿勢の国内政治」国分良成編『中国は、いま』岩波新書、二〇一一年
ジャック、マーティン(馬丁・雅克)「中国将如何改変我們的思惟方式——以国家為例」愛思想ネット、二〇一一年九月一七日
ジャック(ジェイクス)、マーティン(松下幸子訳)『中国が世界をリードするとき』下、NTT出版、二〇一四年
シャンボー、デイビッド(加藤祐子訳)『中国グローバル化の深層——「未完の大国」が世界を変える』朝日新聞出版、二〇一五年
周遠征「逾二〇〇〇万全球華人簽名反日〝入常〟背後的中日関係命題」『中国経営報』二〇〇五年四月三日
周冬霖『日本対華無償援助実録』社会科学文献出版社、二〇〇五年
朱建栄「中国はなぜ賠償を放棄したか」『外交フォーラム』一九九二年一〇月
朱建栄「先人の開拓　二一世紀への示唆」石井明ほか編『記録と考証　日中国交正常化・日中平和友好条約締結交渉』岩波書店、二〇〇三年
朱建栄『胡錦濤　対日戦略の本音——ナショナリズムの苦悩』角川書店、二〇〇五年
蕭功秦「中国当代民族主義〝憤青〟調査　愛国還是誤国？」『国際先駆導報』二〇〇四年一一月九日

鍾之成『為了世界更美好、江沢民出訪紀実』世界知識出版社、二〇〇六年
蔣立峰「由〝不戦決議〟談日本対侵略戦争的認識問題」『日本学刊』一九九五年第五期
任丙強「網上的〝憤青〟」『民主与科学』五九期、二〇〇五年一月
菅野完『日本会議の研究』扶桑社新書、二〇一六年
砂山幸雄「ポスト天安門時代における中国ナショナリズム言説の諸相」『東洋文化』第八四号、二〇〇四年三月
薛謀洪・裴堅章主編『当代中国外交』中国社会科学出版社、一九八七年
銭其琛「深入学習鄧小平外交思想、進一歩做好新時期的外交工作」王泰平編『鄧小平外交思想研究論文集』世界知識出版社、一九九六年
宋強ほか(莫邦富・鈴木かおり訳)『ノーと言える中国』日本経済新聞社、一九九六年
宋暁軍ほか(邱海濤・岡本悠馬訳)『不機嫌な中国――中国が世界を思いどおりに動かす日』徳間書店、二〇〇九年
叢日雲「当代中国激進民族主義興起的原因」『領導者』二〇一二年第一〇号(中国選挙与治理ネット、二〇一六年七月一八日)
添谷芳秀『日本外交と中国』慶應通信、一九九五年
添谷芳秀「一九七〇年代の米中関係と日本外交」日本政治学会編『年報政治学一九九七　危機の日本外交――七〇年代』岩波書店、一九九七年

添谷芳秀「米中和解から日中国交正常化へ」石井明ほか編『記録と考証　日中国交正常化・日中平和友好条約締結交渉』岩波書店、二〇〇三年
高橋哲哉『戦後責任論』講談社学術文庫、二〇〇五年
高橋哲哉『靖国問題』ちくま新書、二〇〇五年
高原明生・菱田雅晴・村田雄二郎・毛里和子編『共同討議　日中関係　なにが問題か――一九七二年体制の再検証』岩波書店、二〇一四年
田川誠一『日中交渉秘録　田川日記――一四年の証言』毎日新聞社、一九七三年
田島英一「「愛国主義」時代の日中関係」『国際問題』第五四九号、二〇〇五年一二月
田中明彦『日中関係　一九四五―一九九〇』東京大学出版会、一九九一年
田中明彦「日中政治関係」岡部達味編『中国をめぐる国際環境』岩波書店、二〇〇一年
俵義文「安倍政権を支える日本会議と「日本会議議連」」成澤宗男編『日本会議と神社本庁』金曜日、二〇一六年
中共中央文献研究室編『周恩来年譜一九四九―一九七六』上中下、中央文献出版社、一九九七年
中共中央文献研究室編『周恩来伝』下、中央文献出版社、一九九八年
中国研究所編『中国年鑑(各年版)』中国研究所
張睿壮「従〝対日新思惟〟看中国的国民性和外交哲学」『世界経済与政治』二〇〇三年第一二号
長弓『中国不折騰』九州出版社、二〇〇九年

張光『日本対外援助政策研究』南開大学日本研究中心編、天津人民出版社、一九九六年
趙光鋭「日本正在〝回帰〞亜州」『日本学刊』一九九六年第一期
張香山「通往中日邦交正常化之路」『日本学刊』一九九七年第五期
張香山（鈴木英司訳）『日中関係の管見と見証——国交正常化三〇年の歩み』三和書籍、二〇〇二年
張清敏「対衆多不同国家的一個相同政策——浅析対発展中国家的政策」『当代中国史研究』二〇〇一年一月、第八巻第一期
張文木『中国海権』海軍出版社、二〇〇九年
張文木「西太平洋矛盾分析与中国的選択」『当代世界与社会主義』二〇一五年第一期
沈志華「抗美援朝戦争中的蘇聯空軍」『中共党史研究』二〇〇〇年第二期
沈志華（雷夫インタビュー）「中蘇関係史——誤読与真相」『中国外交』二〇〇八年第六期
陳大白「民族主義的中国道路——評王小東対中国民族主義的言説」『戦略与管理』二〇〇〇年第三期
陳肇斌『戦後日本の中国政策——一九五〇年代東アジア国際政治の文脈』東京大学出版会、二〇〇〇年
陳文斌ほか編『中国共産党執政五〇年一九四九—一九九九』中共党史出版社、一九九九年
鄭永年「我対中国的智庫很悲観」中国選挙与治理ネット、二〇一七年一月三〇日
丁咚「中国的民族主義と国家衝突」中国選挙与治理ネット、二〇一六年五月一〇日
丁咚「中国什麼時候在東亜倣老大？」新浪微博ネット、二〇一六年八月一一日
鄧聿文「如何打破利益集団対改革的阻碍」中国改革ネット、二〇一三年四月一五日

『鄧小平文選』第三巻、上海人民出版社、一九九三年
『鄧小平年譜 一九七五―一九九七』上、中央文献出版社、二〇〇四年
桐声「当代日本政治中的民族保守主義」『日本学刊』二〇〇四年第三期
豊下楢彦・古関彰一『集団的自衛権と安全保障』岩波新書、二〇一四年
ニクソン(松尾文夫・斎田一路訳)『ニクソン回顧録① 栄光の日々』小学館、一九七八年
西倉一喜「中国「新冷戦」外交は何をめざすか」『世界』一九九四年五月号
服部龍二『日中国交正常化――田中角栄、大平正芳、官僚たちの挑戦』中公新書、二〇一一年
馬立誠「対日関係新思惟――中日民間之憂」『戦略与管理』二〇〇二年第六期
馬立誠(杉山祐之訳)『〈反日〉からの脱却』中央公論新社、二〇〇三年
馬立誠(箭子喜美江訳)『謝罪を越えて――新しい中日関係に向けて』文春文庫、二〇〇六年
馬立誠「仇恨没有未来」『経済観察報』二〇一三年二月五日
馬立誠(及川淳子訳)『憎しみに未来はない――中日関係新思考』岩波書店、二〇一四年
ピルズベリー、マイケル(野中香方子訳)『China 2049』日経BP社、二〇一五年
馮昭奎「関于中日関係的戦略思考」『世界経済与政治』二〇〇〇年第一一期
馮特君・宋新寧『国際政治概論』中国人民出版社、一九九二年
藤原帰一『デモクラシーの帝国――アメリカ・戦争・現代世界』岩波新書、二〇〇二年
古井喜実『日中十八年――一政治家の軌跡と展望』牧野出版、一九七八年

薛力「中国外交面臨的隠憂与風険」フィナンシャル・タイムズ中文版、二〇一七年一月一九日
ベトナム社会主義共和国外務省編(日中出版編集部訳)『「中国白書」中国を告発する——この三〇年間のベトナム・中国関係の真実』日中出版、一九七九年
辺見庸『1★9★3★7』金曜日、二〇一五年
龐中英『中国与亜洲——観察・研究・評論』上海社会科学院出版社、二〇〇四年
龐中英「論中日関係中的美国因素」『国際経済評論』二〇〇五年第五/六期
龐中英「就中美戦略対話」新浪ネット、二〇〇五年八月一日
歩平『日本の戦争責任についての認識』五州伝播出版社、二〇一五年
ホワイティング、アレン・S(岡部達味訳)『中国人の日本観』岩波現代文庫、二〇〇〇年
孫崎享『小説外務省——尖閣問題の正体』現代書館、二〇一四年
丸川知雄『現代中国経済』有斐閣、二〇一三年
丸山眞男「昭和天皇をめぐるきれぎれの回想」一九八九年(『丸山眞男集』一五巻、岩波書店)
マン、ジェームズ(鈴木主税訳)『米中奔流』共同通信社、一九九九年
マン、ジェームズ(渡邉昭夫訳)『危険な幻想』PHP研究所、二〇〇七年
三浦有史「中国「国家資本主義」のリスク」『RIM』一二巻四五号、二〇一二年
村田雄二郎「中華ナショナリズムと「最後の帝国」」『いま、なぜ民族か』東京大学出版会、一九九四年
毛沢東『建国以来毛沢東文稿』第三巻、中央文献出版社、一九八九年

毛沢東『毛沢東外交文選』中央文献出版社・世界知識出版社、一九九四年
毛里和子『周縁からの中国——民族問題と国家』東京大学出版会、一九九八年
毛里和子『日中関係　戦後から新時代へ』岩波新書、二〇〇六年
毛里和子（川島真との共著）『グローバル中国への道程——外交一五〇年』岩波書店、二〇〇九年
毛里和子『現代中国政治［第三版］——グローバル・パワーの肖像』名古屋大学出版会、二〇一二年
門洪華・鍾飛騰「中国海外利益研究的歴程、現状与前瞻」『外交評論』二〇〇九年第五期
柳田邦男『日本は燃えているか』講談社、一九八三年
山影進「日本の地域構想と「中国の台頭」」大庭三枝編『東アジアのかたち』千倉書房、二〇一六年
山崎雅弘『日本会議　戦前回帰への情念』集英社新書、二〇一六年
山本有造編『帝国の研究——原理・類型・関係』名古屋大学出版会、二〇〇四年
熊向暉「打開中美関係的前奏」『中共党史資料』第四二号、一九九二年
楊奎松「新中国従援越抗法到争取印度支那和平的政策演変」『中国社会科学』二〇〇一年第一期
楊成「制度累積与中俄関係的中長期前景」『中国外交』二〇〇七年第一二期
楊帆「利益集団与社会主義民主法治」『雲南財経大学学報』二〇〇九年第三期
楊帆ほか『利益集団』鄭州大学出版社、二〇一〇年
吉田茂『回想十年』第三巻、新潮社、一九五七年／東京白川書院復原版、一九八三年
吉田裕『日本人の戦争観——戦後史のなかの変容』岩波書店、一九九五年

楽山編『潜流　対狭隘民族主義的批判与反思』華東師範大学出版社、二〇〇四年
羅平漢『中国対日政策与中日邦交正常化』時事出版社、二〇〇〇年
李恩民『「日中平和友好条約」交渉の政治過程』御茶の水書房、二〇〇五年
李閣南「日本従脱亜到帰亜」『日本学刊』一九九四年第三期
李正堂『中国人関注的話題――戦争索賠』新華出版社、一九九九年
李沢厚「啓蒙与救亡的双重変奏」『中国現代思想史論』東方出版社、一九八七年
李丹慧「中蘇在援越抗美問題上的衝突与矛盾（一九六五～七二）」上・下『当代中国史研究』二〇〇〇年
第四期、五期
劉亜洲「這次軍委軍改会議告訴我們什麼？」中国選挙与治理ネット、二〇一六年二月二八日
劉国新「新中国抗美援朝研究若干問題弁析」『江西社会科学』二〇〇四年第一〇期
劉徳有（王雅丹訳）『時は流れて――日中関係秘史五十年』上下、藤原書店、二〇〇二年
凌青「連合国改革与日本加入常任理事国」『日本学刊』二〇〇五年第三期
林暁光『日本政府開発援助与中日関係』世界知識出版社、二〇〇三年
林暁光「中国共産党の対日政策の変容」王敏編『〈意〉の文化と〈情〉の文化――中国における日本研究』
中央公論新社、二〇〇四年
林治波「当代中国需要民族主義――兼論中日関係」『中国与世界観察』（清華大学）二〇〇五年第一期
林代昭『戦後中日関係史』北京大学出版会、一九九二年

渡邉昭夫『アジア・太平洋の国際関係と日本』東京大学出版会、一九九二年
渡邉昭夫編『戦後日本の対外政策』有斐閣、一九八五年
渡邉昭夫編『現代日本の国際政策――ポスト冷戦の国際秩序を求めて』有斐閣、一九九七年
渡辺孟次「鄧小平インタヴュー」『七十年代』一九七九年四月号
Bi, J, "The Role of the Military in the PRC Taiwan Policymaking: A Case Study of the Taiwan Strait Crisis on 1995–1996," *Journal of Contemporary China*, 2002, No. 11 (32)
Chen, King C., *China's War with Vietnam, 1979—Issues, Decisions, and Implications*, Hoover Institution, Stanford University, 1986
Christensen, Thomas J., "Windows and War: Trend Analysis and Beijing's Use of Force," in Alastair Iain Johnston and Robert S. Ross eds., *New Directions in the Study of China's Foreign Policy*, Stanford Univ. Press, 2006
Friedberg, Aalon L., "The Debate over US China Strategy," *Survival*, 57–3, June–July 2015
Harding, Harry, "Has U.S.-China Policy Failed?," *The Washington Quarterly*, 38–3, Fall 2015
Kokubun Ryosei & Wang Jisi, *The Rise of China and a Changing East Asian Order*, Japan Center for International Exchange, 2004
Lampton, David M., "The Faces of Chinese Power," *Foreign Affairs*, 115, 2007, Winter
Matthews, Eugene A., "Japan's New Nationalism," *Foreign Affairs*, Vol. 82, No. 6, Nov/Dec. 2003

McGregor, Richard, "Chinese diplomacy "hijacked" by companies," *Financial Times*, 16 March, 2008

Scobel, A., *China's Use of Military Force: Beyond the Great Wall and the Long March*, Cambridge Univ. Press, 2003

Swaine, Michael D., *The Role of the Chinese Military in National Security Policymaking*, RAND, 1996

Swaine, Michael D., "Chinese Decision-Making Regarding Taiwan, 1979–2000," in David M. Lampton ed., *The Making of Chinese Foreign and Security Policy in the Era of Reform*, Stanford Univ. Press, 2001

Tyler, Patric, "(Ab)normalization of US-China Relations," *Foreign Affairs*, September/October, 1999

Vogel, Ezra F., Yuan Ming and Tanaka Akihiko eds., *The Golden Age of the US-China-Japan Triangle, 1972–1989*, Harvard University Press, 2003

Zhang, Xiaoming, "China's 1979 War with Vietnam: A Reassessment," *The China Quarterly*, No. 184, Dec. 2005

毛里和子

お茶の水女子大学文教育学部卒業
現在―早稲田大学名誉教授
専攻―現代中国論
著書―『日中関係 戦後から新時代へ』
『中国とソ連』(以上，岩波新書)
『共同討議 日中関係 なにが問題か』(共著)
『グローバル中国への道程』(共著，以上，岩波書店)
『現代中国政治[第3版]』(名古屋大学出版会)
ほか
訳書―『ニクソン訪中機密会談録【増補決定版】』
(共訳，名古屋大学出版会)
『周恩来 キッシンジャー機密会談録』(監訳，岩波書店)ほか

日中漂流
――グローバル・パワーはどこへ向かうか　岩波新書(新赤版)1658

2017年4月20日　第1刷発行

著　者　毛里和子(もうり かずこ)

発行者　岡本 厚

発行所　株式会社 岩波書店
〒101-8002 東京都千代田区一ツ橋 2-5-5
案内 03-5210-4000　営業部 03-5210-4111
http://www.iwanami.co.jp/

新書編集部 03-5210-4054
http://www.iwanamishinsho.com/

印刷・理想社　カバー・半七印刷　製本・中永製本

ISBN 978-4-00-431658-9　Printed in Japan

岩波新書新赤版一〇〇〇点に際して

ひとつの時代が終わったと言われて久しい。だが、その先にいかなる時代を展望するのか、私たちはその輪郭すら描きえていない。二〇世紀から持ち越した課題の多くは、未だ解決の緒を見つけることのできないままであり、二一世紀が新たに招きよせた問題も少なくない。グローバル資本主義の浸透、憎悪の連鎖、暴力の応酬——世界は混沌として深い不安の只中にある。

現代社会においては変化が常態となり、速さと新しさに絶対的な価値が与えられた。消費社会の深化と情報技術の革命は、種々の境界を無くし、人々の生活やコミュニケーションの様式を根底から変容させてきた。ライフスタイルは多様化し、一面では個人の生き方をそれぞれが選びとる時代が始まっている。同時に、新たな格差が生まれ、様々な次元での亀裂や分断が深まっている。社会や歴史に対する意識が揺らぎ、普遍的な理念に対する根本的な懐疑や、現実を変えることへの無力感がひそかに根を張りつつある。そして生きることに誰もが困難を覚える時代が到来している。

しかし、日常生活のそれぞれの場で、自由と民主主義を獲得し実践することを通じて、私たち自身がそうした閉塞を乗り超え、希望の時代の幕開けを告げてゆくことは不可能ではあるまい。そのために、いま求められていること——それは、個と個の間で開かれた対話を積み重ねながら、人間らしく生きることの条件について一人ひとりが粘り強く思考することではないか。その営みの糧となるものが、教養に外ならないと私たちは考える。歴史とは何か、よく生きるとはいかなることか、世界そして人間はどこへ向かうべきなのか——こうした根源的な問いとの格闘が、文化と知の厚みを作り出し、個人と社会を支える基盤としての教養となった。まさにそのような教養への道案内こそ、岩波新書が創刊以来、追求してきたことである。

岩波新書は、日中戦争下の一九三八年一一月に赤版として創刊された。創刊の辞は、道義の精神に則らない日本の行動を憂慮し、批判的精神と良心的行動の欠如を戒めつつ、現代人の現代的教養を刊行の目的とする、と謳っている。以後、青版、黄版、新赤版と装いを改めながら、合計二五〇〇点余りを世に問うてきた。そして、いままた新赤版が一〇〇〇点を迎えたのを機に、人間の理性と良心への信頼を再確認し、それに裏打ちされた文化を培っていく決意を込めて、新しい装丁のもとに再出発したいと思う。一冊一冊から吹き出す新風が一人でも多くの読者の許に届くこと、そして希望ある時代への想像力を豊かにかき立てることを切に願う。

（二〇〇六年四月）

岩波新書より

世界史

中南海　知られざる中国の中枢　稲垣清
袁世凱　岡本隆司
李鴻章　岡本隆司
二〇世紀の歴史　木畑洋一
新・ローマ帝国衰亡史　南川高志
イギリス史10講　近藤和彦
植民地朝鮮と日本　趙景達
近代朝鮮と日本　趙景達
シルクロードの古代都市　加藤九祚
中華人民共和国史〔新版〕　天児慧
物語 朝鮮王朝の滅亡　金重明
マヤ文明　青木和夫
北朝鮮現代史　和田春樹
四字熟語の中国史　冨谷至
新しい世界史へ　羽田正
パル判事　中里成章
グランドツアー　18世紀イタリアへの旅　岡田温司

玄奘三蔵、シルクロードを行く　前田耕作
マルコムX　荒このみ
パリ　都市統治の近代　喜安朗
ノモンハン戦争　モンゴルと満洲国　田中克彦
毛沢東　竹内実
中国という世界　竹内実
文化大革命と現代中国　安藤正士・太田勝洪・辻康吾
ウィーン　都市の近代　田口晃
空爆の歴史　荒井信一
紫禁城　入江曜子
溥儀　入江曜子
ジャガイモのきた道　山本紀夫
北京　春名徹
朝鮮通信使　仲尾宏
フランス史10講　柴田三千雄
地中海　樺山紘一
韓国現代史　文京洙
多神教と一神教　本村凌二

奇人と異才の中国史　井波律子
ピープス氏の秘められた日記　臼田昭
古代オリンピック　桜井万里子・橋場弦編
ドイツ史10講　坂井榮八郎
ナチ・ドイツと言語　宮田光雄
ナチスの時代　H・マウ、H・クラウスニック　内山敏訳
マルクス・エンゲルス小伝　大内兵衛
ドイツ戦歿学生の手紙　ヴィットコップ編　高橋健二訳
ニューヨーク　亀井俊介
スコットランド　歴史を歩く　高橋哲雄
ローマ散策　河島英昭
離散するユダヤ人　小岸昭
現代史を学ぶ　溪内謙
アメリカ黒人の歴史〔新版〕　本田創造
諸葛孔明　立間祥介
上海一九三〇年　尾崎秀樹
ゴマの来た道　小林貞作

政治

多数決を疑う 社会的選択理論とは何か	坂井豊貴
集団的自衛権とは何か	豊下楢彦
安保条約の成立	豊下楢彦
集団的自衛権と安全保障	豊下楢彦・古関彰一
外交ドキュメント 歴史認識	服部龍二
日米〈核〉同盟 原爆、核の傘、フクシマ	太田昌克
日本は戦争をするのか	半田滋
「戦地」派遣 変わる自衛隊	半田滋
自衛隊 変容のゆくえ	前田哲男
アジア力の世紀	進藤榮一
民族紛争	月村太郎
自治体のエネルギー戦略	大野輝之
政治的思考	杉田敦
現代日本の政党デモクラシー	中北浩爾
サイバー時代の戦争	谷口長世
現代中国の政治	唐亮
政権交代論	山口二郎
戦後政治の崩壊	山口二郎
日本政治 再生の条件	山口二郎編著
戦後政治史〔第三版〕	石川真澄・山口二郎
日本の国会	大山礼子
〈私〉時代のデモクラシー	宇野重規
大臣〔増補版〕	菅直人
生活保障 排除しない社会へ	宮本太郎
「ふるさと」の発想	西川一誠
政治の精神	佐々木毅
ドキュメント アメリカの金権政治	軽部謙介
民族とネイション	塩川伸明
昭和天皇	原武史
沖縄密約	西山太吉
市民の政治学	篠原一
日本の政治風土	篠原一
東京都政	佐々木信夫
政治・行政の考え方	松下圭一
ルポ 改憲潮流	斎藤貴男
市民自治の憲法理論	松下圭一
岸信介	原彬久
自由主義の再検討	藤原保信
海を渡る自衛隊	佐々木芳隆
人間と政治	南原繁
近代の政治思想	福田歓一